A Crosne, le 8-12-18 -

# JOURNAL D'UNE FEIGNASSE HYPERACTIVE

Amitiés :)

Vanessa Mayo

Tut-Tut est une marque des éditions Leduc.s. Découvrez la totalité du catalogue Leduc.s et achetez directement les ouvrages qui vous intéressent sur le site :

**www.editionsleduc.com**

Conseil éditorial : Aurélie D'Andria
Correction : Audrey Peuportier
Conception et réalisation graphiques : Stéphanie Aguado
Photographie de couverture : Nicolas Kalogeropoulos

29 boulevard Raspail
75007 Paris – France
ISBN : 978-2-36704-243-5

Vanessa Kayo

# JOURNAL D'UNE FEIGNASSE HYPERACTIVE

TUT-TUT

*À mon fils, qui a supporté mes « Pas maintenant », « Chut », « Tut tut, deux minutes », pendant l'écriture de ce livre.*

ICI, JE PARLE DE BENJAMIN,
DE SALIM ET DES PLUS
GROSSES HONTES DE TA VIE.

# Sommaire

## PARTIE 1 : La vie parfaite d'une insatisfaite

LÀ, TU RENCONTRERAS
CONNASSA, LA SAGE-FEMME
QUI S'EST TROMPÉ DE MÉTIER.

SI TU CONNAIS LES JOIES DU DIVORCE, C'EST POUR TOI ♥

## PARTIE 2 : La vie imparfaite d'une satisfaite (ou la vie rêvée d'une mère célibataire épanouie mais qui en chie un peu quand même).



SI TU AS DES ENFANTS, NE RATE PAS CES CHAPITRES

SI TU ES EN PLEIN QUESTIONNEMENT SUR TA VIE SENTIMENTALE, TU VERRAS, IL Y A PIRE QUE TOI !



ICI, LES CHAPITRES "J'AI TESTÉ POUR TOI LE DÉVELOPPEMENT PERSONNEL"

# Partie 1

# La vie parfaite d'une insatisfaite

# feignasse

**Depuis cinq jours je ne fous RIEN.** En général ça dure entre trois et six jours. Ou trois semaines. La poussière fait des boules dans ma salle de bain, la pile de linge sale déborde du panier, je mange mes pâtes directement dans la casserole (que je dois laver avant parce qu'elle est dans l'évier depuis deux jours), et je suis aussi efficace dans mon travail que ma grand-mère parkinsonienne essayant d'envoyer un SMS.

**Exemple :** je commence à écrire. Au bout de dix minutes, mon téléphone sonne. C'est ma mère. Je réponds, elle me parle pendant quarante-cinq minutes de sa randonnée-raquettes en montagne « oh mon dieu c'était géniâât, une tuerie ! », sans oublier de me glisser « avec ton fils tu es trop laxiste, c'est pour ça qu'en classe il fait des bruits de pets » (oui, mon fils fait des bruits de pets en classe).

**Ensuite,** j'avale une vague tranche de jambon sur du pain grillé devant le replay d'une série, tout en picorant des feuilles de laitue directement dans leur sachet, et je termine mon festin par une crème au caramel et un café. Comme mon épisode n'est pas fini, j'ajoute un autre café, du chocolat et des tout petits morceaux de brownie (mais j'en mange douze). Les dents lavées, je m'installe à mon bureau, je regarde vite fait mes mails + mon Facebook + mon Instagram + Twitter + LinkedIn + re Facebook + des articles très intéressants sur les pervers narcissiques et le harcèlement, sur Beyoncé et ses enfants en photo pour voir la tête qu'ils ont, la vidéo du discours poignant d'Oprah Winfrey et de Natalie Portman et d'Emma Watson sur les femmes, puis je me maudis d'avoir perdu autant de temps à brasser de l'air, surtout que maintenant je trouve ma vie merdique à côté de celle d'Emma Watson, qui est vachement plus jeune que moi en plus, la connasse.

**Je me remets au travail,** mais oh pas de chance, mon téléphone sonne à nouveau ! Je parle pendant une heure quinze avec Paula de mon manque de productivité et de son nouvel appart, puis je vais me maquiller (alors qu'il est 18 heures, mais bon j'ai lu dans un livre* que pour que la déesse de la

**Comme par magie : vivre sa créativité sans la craindre*, Elizabeth Gilbert.

Créativité se penche sur ton cas, il fallait te faire belle. Par exemple, en ce moment je porte une robe noire décolletée dans le dos, des escarpins dorés et un chignon banane. Non. En vrai j'ai un jean et un pull, mais je suis lavée, habillée et j'ai mis un anticerne, c'est déjà pas mal. On va dire que je peux espérer une créativité correcte.).

**Bref,** dans ces moments de « glande » intense, je fais beaucoup trop de pauses.

**Finalement, ma pause, c'est de bosser.**

Mon crédo pour me déculpabiliser : « Faut profiter de la vie, je vais peut-être mourir demain. » Sauf que je n'ai pas l'impression d'en profiter. Non, en profiter c'est partir en voyage quinze jours au soleil (avec un mec gaulé de la mort qui te fait rire toute la journée. Et te fait aussi l'amour comme un dieu, tant qu'à faire).

En plus, quand je suis en période « feignasse », je réfléchis beaucoup. Trop.

# 4 avril, 22 h 45

**Je suis dans mon lit.** Enfin dans notre lit. L'HommeDeMaVie est à côté de moi. Il lit une bande-dessinée, *Lanfeust de Troy.* Les aventures d'un mec en couple avec une jolie blonde sage qui reste à la maison, mais pas insensible à la sœur de ladite blonde, une brune plantureuse qui se balade en sous-vêtements (les deux ayant des seins énormes et un tour de taille de trente centimètres, bien sûr).

**J'écris mon journal.** Dans lequel je me plains de ma vie. Oui, je suis chiante. J'ai un boulot stable, un mec super, on est en bonne santé, on a un appart cool dans la banlieue parisienne, assez d'argent pour partir en vacances, et mes beaux-parents sont tellement sympas que j'adore les voir.

Et pourtant. Je suis frustrée. De je ne sais quoi.

J'ai quand même ma petite idée. J'ai un rêve, et je ne suis pas du tout en train de le réaliser. Je ne l'ai avoué à personne. À peine à moi-même.

**Mon rêve,** c'est d'être comédienne. Actrice. De comédie. D'écrire et de jouer des trucs qui font rire les gens.

Voilà. C'est dit.

**Je sais, c'est complètement dingue et prétentieux.** J'en ai eu envie toute petite. Depuis, je repousse, je renâcle, je renonce. J'ai continué mes études le plus longtemps possible, dans l'espoir autruchesque de ne jamais arriver au moment de choisir un métier. Mais à 25 ans mes parents m'ont dit : « T'es mignonne, mais quand est-ce que tu gagnes ta vie ? »

**Ce rêve a pris forme en CP,** quand, dans la cour de récréation, j'ai fait rire mes copains en imitant Petit Gibus, de *La Guerre des boutons.* C'était mon premier succès, et j'ai adoré la sensation. Attention hein, avant ça j'avais fait mes armes, en m'entraînant sur mes parents et leurs amis, avec mon lot de fours. Le plus cuisant, ce fut à 5 ans. Pour faire rire une copine de ma mère, je décidai de manger avec les mains, alors que j'avais des couverts à côté de

Ne cherche pas dans le dico, j'invente des mots

mon assiette (hilarant, non ?). Au lieu de rire, elle s'est exclamée : « Mais enfin, mange avec tes couverts, c'est dégoûtant ! »

**Honte. Honte de ma vie de cinquenaire.**

Après, il y en a eu d'autres, bien sûr. J'en ai même fait un chapitre spécial, « La honnnnte » (page 23) à lire dans quelques minutes (ou dans quelques heures, ou demain, de toute façon maintenant ce livre t'appartient, je ne peux plus intervenir).

Je rêve donc, assise dans mon lit de cent quarante (d'ailleurs j'aimerais un cent soixante, on se gênerait moins, surtout quand l'HommeDeMaVie ronfle ou exhale vers mon visage le fruit de sa digestion chinoise ou épicée).

**J'ai 26 ans.** Quand j'étais petite, mon âge idéal, celui où je pensais être au top, au faîte, au climax de ma vie, c'était 21 ans. Je me disais : « Quand j'aurai 21 ans, je serai une adulte accomplie, enquêtrice ou ethnologue (comédienne, j'avais déjà renoncé, c'était inaccessible ; ethnologue c'était beaucoup plus simple). Je gagnerai quinze mille ou vingt mille francs par mois, mon mari sera gentil et beau comme Clark Kent, et je roulerai en Ferrari rouge, comme Barbie. »

**Bilan :** à 21 ans, je circulais avec la vieille Opel Corsa de ma mère, en tirant le starter au maximum pour éviter de caler, j'étais étudiante en lettres à Poitiers, et je sortais avec mon prof de natation à qui je n'avais absolument rien à dire, mais qui avait des fesses biodynamiques.

**Aujourd'hui, je suis prof de français et mon homme ressemble à Clark Kent.** Je n'ai donc raté ma vie qu'à moitié. En plus de ressembler à superman, l'HommeDe MaVie est drôle, sympa, et facile à vivre. Je ne me suis jamais aussi bien entendue avec quelqu'un. Je suis sûre qu'à 85 ans on sera comme ces petits vieux attendrissants qui se donnent la main dans la rue. Je l'ai rencontré grâce à mon job d'été d'étudiante (sauveteuse en mer sur l'île d'Oléron). Je l'ai tout de suite remarqué au milieu des quatre-vingts garçons présents à la réunion préparatoire de la saison. Notre chef, qu'on surnommait *Michel Bulcanon,* était une sorte de double raté de Mitch Bucchanon, d'*Alerte à Malibu :* muscles fatigués, épaules retroussées, visage buriné par le soleil, le sel, l'alcool. Sa dyslexie magnifique nous ravissait, surtout pendant son discours officiel de début de saison : *« La sodilarité c'est primondial, faut s'aider un coup de main quand on est dans un poss' de secouriss', comme ça quand on décale en inter, on tombe pas des mues. »*

Rassure-toi, nous non plus on ne comprenait pas tout.

Au milieu des tous ces nageurs (on était huit filles, la fête au village quoi), je repère aussitôt le FuturHommeDeMaVie, riant avec des copains. Le sosie de Clark Kent. Michel annonce la composition des postes. Coup de pouce du destin : Clark et moi, on est mutés dans le même poste de secours ! Je n'en reviens pas de ma chance insolente. Je m'avance vers lui, faussement décontractée (et ricanant pour un rien, comme toutes les fois où un mec me plaît) : « Salut, je suis Vanessa, hi hi hi, alors on est dans le même poste cet été apparemment, hi hi hi » (pathétique). Et là, stupeur : il est canon, ET sympa ! Gentil, simple, cool. Cet été, je fonce. Ce mec est génial.

Il dépose délicatement *Lanfeust de Troy* sur sa table de nuit en me disant bonne nuit. Il sent bon. J'adore son odeur, elle me fait chavirer de l'autre côté de la force. Pas une odeur de parfum, non, *son* odeur, à *lui* (enfin sauf quand il a mangé asiatique ou de l'ail, il est quand même humain).

En ce qui concerne l'autre partie de ma vie, devenir comédienne, c'est foutu, je le sais bien. C'est trop tard. Ceux qui réussissent, ils commencent à 18 ans. Je vais être prof, ce n'est déjà pas si mal. Je n'ai jamais pris un cours de théâtre en plus. Je suis tétanisée à l'idée d'être mauvaise. Si je suis mauvaise, ma vie sera foutue. Mon rêve sera foutu.

Autant m'imaginer que j'aurais pu être bonne.

Bon, je dors, demain je dois être au lycée à 7 h 45 parce que j'ai des photocopies à faire. Si la machine a un bourrage papier, je suis dans la mouise pour mon premier cours. Enfin, si on peut appeler ça un cours. Oui, en ce moment, je suis...

# Prof remplaçante en lycée professionnel

Je vais traiter ce chapitre comme une dissertation de philosophie (ça te fera une méthode si jamais tu passes le bac bientôt).

Avant toute chose, **on définit les termes** (en trouvant des synonymes, des antonymes, des exemples…).

1. Prof. 2. Remplaçante. 3. Lycée professionnel.

## 1. Prof : MÉTIER (PLUS EXACTEMENT SACERDOCE).

Synonymes : fonctionnaire, feignasse (pour 90 % de la population).

Phrase préférée des profs quand on les traite de feignasses : « Si tu trouves que c'est trop cool comme métier parce qu'on ne fout rien et qu'on a trop de vacances, passe le concours ! »

Réponse préférée des gens : « Ah non, je ne pourrais pas ! »

« Alors ferme-la. »

*Spéciale dédicace à tous les profs qui aimeraient dire ça, mais qui sont trop bien élevés.*

Et arrêtons avec « Les profs ont trop de vacances ! ». Les vacances (pendant lesquelles le prof travaille, préparant des cours et corrigeant des copies), permettent au prof de ne pas voir d'élèves, et donc empêchent un coup de tête malencontreux envers l'un d'eux un jour de fatigue nerveuse accrue.

Oui, j'accorde au féminin parce que le féminin l'emporte dans ce livre. Les hommes, transposez au masculin dans votre tête, vous verrez on s'y fait vite.

## 2. Remplaçante : PROF QUI VIENT PRENDRE LA PLACE DE LA PROF PRÉCÉDENTE.

- **Soit partie en dépression** ⟶ Dans ce cas-là, ça craint. La classe a pris ses petites habitudes de bordel, c'est la jungle quand tu arrives. Tu dois traverser le couloir sans te faire bousculer, avec un air assuré, trouver ta salle, avoir la bonne clé, leur demander de se ranger en silence : « En rang par deux », « J'attends le silence ! », « J'ai dit en rang ! », « OK, je crois que vous n'avez pas compris. Je peux attendre quinze minutes s'il le faut », « Là vous êtes trois. J'ai dit par deux », « CHUT ! », « CHUT-TEUH !!! ».

- **Soit partie en congé maternité** ⟶ Dans ce cas-là, ça craint aussi. Pour la classe, tu remplaces LA prof. LA personne compétente, qui les connaît depuis le mois de septembre, c'est-à-dire une éternité dans leur jeune existence. LA référence. DIEU. Tu passes derrière Dieu. Et tu le sens très vite : « Ah, mais madame, Dieu elle faisait pas comme ça », « Dieu elle utilisait pas ce tableau », « Avec Dieu on commençait par une minute de détente », « Dieu elle corrigeait pas en rouge », « Dieu elle est parfaite blablabla »…

T'as envie de crier : « VOUS ME FAITES CHIER AVEC DIEU ! » Et tu réponds ce que tous les profs répondent depuis des millénaires : « Je ne suis pas Dieu. »

## 3. Lycée professionnel : ÉTABLISSEMENT CONTENANT DES ÉLÈVES DE 15 À 22 ANS, EN FILIÈRE "PRO".

Réputés moins « scolaires ». Être assis sur une chaise à écouter des trucs qui ne les intéressent pas les emmerde encore plus que les élèves du lycée général. Les heures de retenue et les mots dans le carnet de correspondance les impressionnent autant que ma grand-mère essayant d'intimider Teddy Riner avec une prise de judo. Bref, c'est pas gagné.

Ensuite, il faut **dégager la problématique du sujet** (suite de la méthode de la dissertation, prends des notes). Je dirais :

*Peut-on échapper au déterminisme qui semble frapper le prof remplaçant en lycée professionnel ?*

Ce déterminisme est-il aggravé par les facteurs suivants : le prof est une femme dans un lycée exclusivement composé d'élèves de sexe masculin. La prof a 26 ans. La prof en paraît 19. La prof est sublimement belle (c'est mon roman, j'écris ce que je veux).

Depuis quatre mois je remplace une collègue partie pour une raison claire-obscure* (« elle était fatiguée »), et je suis É-PA-NOUIE.

AH AH AH. Non. CAS 1. DÉPRESSION

**Le problème, c'est que les élèves sont issus de milieux vraiment pas favorisés.** Le problème, c'est que leur quotidien, c'est le deal de shit et les combats de pitbulls dans les caves. Le problème, c'est que certains sont vraiment absolument indéniablement chiants (et cons, il faut le dire). Le problème, c'est qu'ils sont aussi absolument indéniablement attachants et que parfois j'ai envie de tous les adopter.

* Accord hasardeux, j'en conviens, mais « une raison clair-obscur », mon œil trouve ça bizarre, voire moche, donc j'ai changé la règle.

# La honnnnte

**Ce chapitre a pour but de me décrédibiliser totalement.**

Je rappelle que ce livre est romancé (= j'ai inventé des trucs. Par exemple, dans ce chapitre, peut-être que j'ai tout inventé !)

## Honte 1 : **The walk of shame of women**

Tu rentres du centre-ville. (Oui, je passe au « tu », plus facile à assumer que le « je » pour ce passage). C'est l'été. Tu jettes un coup d'œil dans le miroir de ton entrée (oui, dès qu'il y a un truc avec un reflet tu te regardes dedans). Tu vérifies tes fesses, par réflexe.

Stupeur (et tremblements).

Ton pantalon beige est auréolé d'une jolie tache marronnasse genre test de Rorschach (qui sait l'écrire ce mot ?).

Non, ce n'est pas du cambouis.

Non, ce n'est pas du feutre rouge. Ni de la peinture.

Ce sont tes règles.

Oui, elles ont débordé.

*Flashback :* tu refais en trois secondes tout ton parcours de la matinée. Le marché, le moment où tu t'es bien baissée pour ramasser ton portable, et ce regard insistant du mec canon à la terrasse du café quand tu t'es relevée après ton cappuccino. Il ne te kiffait peut-être pas, finalement.

## Honte 2 : **Ado**

**Ton complexe, à 13-14 ans, c'était de faire beaucoup beaucoup plus jeune que ton âge.** (Et de ne pas avoir de seins, d'être maigre, d'avoir les dents en avant, un épi à la place de la frange, de toujours jouer aux Barbie, de ne pas avoir de jean Levi's, ni de vraies Dr. Martens, ni tes règles).

**Quatorze ans.** Club de vacances avec tes parents, en Crête. L'animateur — on va l'appeler Popeye comme dans *Les Bronzés* — cherchait deux femmes pour participer à un jeu apéro. Personne ne se dévouait. Magalie, une copine de vacances, qui avait 14 ans comme toi, se propose.

Le visage de Popeye s'éclaire : « Aaaahhh, merci ! Super, merci Magalie ! Mais il me faut encore une femme ! Allez, il me manque une personne pour la catégorie "femme" ! »

Tu fais un raisonnement rapide dans ta tête : Magalie a 14 ans. Elle s'est proposée dans la catégorie « femme » (et non « enfant »). Tu as 14 ans. Donc tu vas héroïquement le sortir de cette impasse et proposer ta candidature.

Vous me voyez venir, hein ? Qu'a dit Popeye ?

Popeye a dit, DEVANT TOUT LE MONDE (dont Emmanuel, le mec qui te plaît trop parce qu'il est trop beau et trop drôle et qu'il ressemble trop à Roch Voisine), *fucking* Popeye a dit : « NON NON, j'ai dit une FEMME ! »

**Le temps s'arrête.**

Fauchée net dans ton élan « ça y est je m'assume je suis une femme comme Magalie même si elle a des seins et pas moi ».

**Pétrifiée.** Pendant deux secondes qui te paraissent aussi longues que trois cours de maths d'affilée avec monsieur Jaumin, tu évites de regarder autour de toi, fuyant obstinément les yeux de velours de ton Roch Voisine estival.

Tu reprends brutalement conscience de tes quarante kilos toute habillée (avec une combinaison et des chaussures de ski), de ton surnom humiliant « la crevette » donné par les amis de tes parents et les grands du collège (en gros par tout le monde), de tes « copines » dans les vestiaires, « mais c'est diiingue ! Tes seins on dirait des lentiiiilles ! »

*Dans les années 90, c'était la mode des Cindy Crawford, Claudia Schiffer et Naomi Campbell, qui aujourd'hui seraient classées mannequins grande taille. Si tu ne me crois pas, va revoir les photos de l'époque.*

Ce con de Popeye remet le couvert le lendemain en demandant à tes parents : « Pourquoi elle va pas au Club Mickey, Vanessa ? C'est jusqu'à 10 ans, elle peut encore ! »

**J'ai eu envie de le tuer.** En plus il était super cool et super bronzé.

## Honte 3 : *Romantique : première nuit d'amour*

**Tu es étudiante,** c'est l'été, il fait beau, ça sent bon le sable chaud, et tu bosses à l'accueil d'un camping pendant deux mois. Yann et toi vous vous tournez autour. Yann, c'est le brun ténébreux drôle et sexy qui s'occupe des activités sportives. C'est le plus beau, le plus sympa, le plus super, c'est sûrement l'homme de ta vie et tu n'en reviens pas qu'il s'intéresse à toi.

**Pendant ton jour de pause,** il te propose d'aller chez ses parents (ils ne sont pas là). Vous passez toute la journée ensemble, c'est super, vous rigolez, vous vous taquinez. Le soir, vous avez prévu de dormir sur place. Tu as emmené une petite chemise de nuit « sexy mais pas trop », tu te démaquilles, tu remets un peu de mascara, tu oses à peine uriner parce que les toilettes jouxtent la chambre, et que s'il entend le bruit de ton jet il va se rendre compte que tu es humaine et c'est absolument inenvisageable.

Tu te glisses dans le lit, bisous, câlins, vous vous endormez.

Au petit matin, tu ouvres un œil, et tu vois Yann, allongé à côté de toi, nonchalamment appuyé sur le coude, en train de t'observer. Tu jubiles. Il te regardait dormir, il craque pour toi !

**YANN** – Tu t'es un peu foutue de moi cette nuit, non ?

**TOI** – Pardon ?

**YANN** – Ben, tu t'es foutue de moi.

**TOI** – Euh… comment ça ? Je ne comprends pas.

**YANN** – Ben c'est simple, tu t'es retournée, et tu m'as pété très fort au nez toute la nuit. À fond.

**TOI** – …

(Tu ne savais pas qu'on pétait la nuit. Tu ne pensais pas qu'on pouvait être trahie par son propre corps.)

**YANN** – Ça te fait marrer de faire ça ?

**TOI** – Mais Yann, enfin ! Mais… je... je suis désolée, mais enfin quelle fille, pour rigoler, la première nuit en plus, péterait au nez de son nouveau mec, intentionnellement ?

Inutile de dire que ça n'a pas duré.

**Depuis, la première nuit, tu ne dors pas.** Et les suivantes, tu es dans un demi-sommeil, à l'affût du moindre bruit susceptible de ruiner ton aura de créature féerique, angoissée par l'éventualité d'être réveillée par le bruit de ton propre pet.

**Au bout de trois mois de relation,** tu es épuisée par le manque de sommeil. Tu abdiques. Et puis merde, après tout lui aussi il pète pendant son sommeil.

Voilà, sinon, je suis super glam.

# Les Trucs qui saoulent

☑ Péter dans ton sommeil.

☑ Quand la vendeuse de fringues te dit « vu votre morphologie... »

☑ Quand tu t'es mis du vernis et que tu prends un truc dans ton sac trop tôt.

☑ Quand tu ouvres trop fort et trop grand le sachet de semoule.

☑ Quand tu n'as plus d'argent et que c'est le moment de payer tes impôts, de faire la vidange, et que ta machine à laver tombe en panne.

☑ Quand tu regardes tes cuisses dans le miroir de la cabine d'essayage.

☑ Quand tu appelles toutes tes copines parce que tu as besoin de parler et qu'aucune n'est dispo.

☑ Quand toutes tes copines rappellent alors que tu dois finir ce boulot urgent.

☑ Quand ton voisin a décidé de faire une fête alors que t'as une journée super importante le lendemain, merci le relou.

☑ Quand ton voisin frappe à minuit parce que tu fais une petite fête de rien du tout avec quinze copines, merci le relou.

☑ Quand tu pars en vacances au soleil pendant une semaine, et que ça tombe pendant tes règles.

☑ Quand tu dois bosser et qu'il fait beau.

☑ Quand tu dois bosser et qu'il pleut.

☑ Quand tu dois bosser.

# 5 avril : La vraie vie d'une prof

**Je quitte mon appartement en courant**, tartine dans la main, copies à la bouche, et je m'engouffre tellement vite dans ma Twingo kaki-or (il doit y en avoir deux de cette couleur en France) que je tape violemment le coin de mon œil droit sur le rebord de l'habitacle. Je râle parce que ça fait mille fois que ça m'arrive avec cette putain de bagnole trop petite. J'ai super mal. Je démarre en trombe, BO de *Rocky* à fond, et je m'autocoache en criant « Allez Vaness ! C'est qui la patronne ?! » Je jette un coup d'œil dans le rétroviseur. Je vais avoir un cocard. Faut toujours que je me fasse plein de bleus partout.

**Comme tous les matins depuis deux mois**, j'entre dans l'enceinte du lycée, qui est planté au milieu d'un joli parc arboré. Je me gare sur le parking des profs et m'extirpe de ma voiture maltraitante. Pantalonnée et large-col-roulée, je traverse la cour, et comme d'habitude depuis deux mois, je me fais siffler, je monte les escaliers d'un pas faussement confiant, je me fais siffler, je traverse la haie d'honneur concupiscente du couloir jusqu'à ma salle de classe, je me fais siffler.

Devant la porte, Salim se confesse, à cinq centimètres de mon visage :

– Madame, je suis énervé là ! Je vais péter les plombs !

– Salim, merci de me parler d'un peu plus loin, vous êtes trop près, là.

– Je vais péter un plomb, là Madame, je suis trop vénère.

– Écoutez Salim, voilà ce qu'on va faire. Je vous ouvre la porte de la classe, vous pétez un plomb dans la salle, et quand vous avez fini, vous nous faites signe.

Et lui d'entrer. Et moi de refermer.

En deux mois, je suis devenue complètement blasée.

Au bout de trois minutes, Salim ressort.

– Ça va mieux ?
– Oui.
– Allez, on entre !

Une fois en cours, Salim a encore envie que je m'occupe de lui. Il se pose à sa table et garde ses Ray Ban sur le nez.

– Salim, vous pouvez enlever vos lunettes, s'il vous plaît ?
– C'est des lunettes de vue, madame. (Oui, ils sont drôles, je sais.)
– Non, ce sont des lunettes de soleil.
– La prof de maths elle a dit OK pour que je les garde.
– Oui, mais je ne suis pas la prof de maths, donc vous les enlevez, s'il vous plaît.
– Si vous m'obligez à les enlever, je vous frappe.

Moi (après un silence d'une demi-seconde pour gérer ma panique intérieure) :

– D'accord Salim… bon, je suis morte de trouille là, vous êtes vraiment complètement effrayant, d'ailleurs regardez ma main, ouh là là, j'en tremble. Allez, enlevez vos lunettes maintenant, on perd du temps.

Salim ricane, s'exécute, la tension retombe, je fais mon cours.
À la fin, il vient me voir.

– Je rigolais madame hein, j'allais pas vous frapper.
– Enfin Salim, je sais bien. Frapper un prof, ça n'existe pas. Allez, à demain.

## Round terminé. Prof 1-Salim 0.

**Les vrais élèves flippants**, ce ne sont pas les Salim. Les vrais qui dérapent, ils n'avertissent pas.

À l'instar de Julien, 3e T. La troisième techno. Trente élèves. Trente garçons. Trente, en ZEP, ça n'existe pas normalement. (Au bout d'un mois, j'ai demandé à ce qu'on divise la classe en deux, parce que je ne pouvais pas faire cours. La proviseure m'a dit : « Oui, bon c'est vrai, avant votre arrivée la classe était séparée en deux. » Ah ouais. Merci. Vous avez tenté quoi.)

Julien a décidé de m'emmerder dès le début du cours. Je lui mets une heure de colle. Il s'en « bat les couilles ». Deux heures. Il s'en bat toujours les couilles. Quatre heures. Son copain Jérémie prend le relais et me dit à mi-voix :

– Madame, jeudi vous serez absente, non ?
– Euh… non, jeudi je suis là.
– Non, vous serez sûrement absente.
– Mais enfin, pourquoi vous dites ça Jérémie, je serai là !
– Non, vous aurez peut-être un accident de voiture…
– Euh… mais vous me menacez, là ?

Jérémie (se tournant vers la classe) :
– Moi ? J'ai rien dit ! Vous avez entendu quelque chose ?

**Au bout d'un mois,** j'ai compris que les heures de colle, les punitions, les mots dans le carnet… ne servaient à rien dans ce lycée.

**Au bout d'un mois,** j'ai changé. Je suis devenue très gentille, maternante, et j'ai réduit les règles à une seule : « Vous venez en cours avec vos affaires et vous écoutez, sinon, vous sortez. Si je fais cours à deux élèves, je m'en bats les couilles ! » Non, je n'ai pas dit ça évidemment, j'ai dit « ce n'est pas un problème », mais à force de les côtoyer je me suis mise à avoir envie de parler comme eux.

Évidemment, la CPE* ne fut pas jouasse quand je l'avertis que j'allais probablement exclure pas mal d'élèves.

– Mademoiselle, virer les élèves de cours ce n'est pas la solution.
– Et c'est quoi la solution ?
– Vous ne pouvez pas virer un élève pour un manuel oublié.
– Dans l'absolu non, mais là si. Je n'ai pas le choix.
– C'est bizarre, la prof de maths, elle s'en sort super bien avec cette classe, elle.
– Oui, la prof de maths est sûrement une prof géniale et je suis une sous-merde.
– C'est pas ce que j'ai dit.

* Conseillère principale d'éducation.

Si, on est d'accord, son implicite était quand même très explicite, non ?
Suite à quoi je lui ai mis une grosse claque et je suis sortie et elle m'a suppliée de lui pardonner en pleurant. Non, c'est pas vrai, mais j'aurais bien aimé.
Au final, j'ai viré deux élèves en tout, et tout le monde a apporté son manuel et enlevé ses lunettes de soleil. J'avais gagné.

**Je rentre tous les soirs du lycée complètement épuisée,** en ayant tellement faim que je me fais un énorme goûter, avec du pain, de la salade et du fromage. Et je suis invivable : il ne faut pas me parler trop fort, mettre le son de la télévision tout doucement, et je dis « chut » tout le temps. Je me suis retrouvée à dire « chut » à des gens qui parlaient dans le bus, et même « chut » au guichet automatique quand il a fait « bip » en me rendant ma carte de crédit.

**C'est mon anniversaire aujourd'hui.** L'HommeDeMaVie veut m'offrir une bague. Je suis contente. On va aller la choisir ensemble plus tard.

# 30 avril, 23h15

**Je suis dans notre lit.** L'HommeDeMaVie lit une BD dont le héros est un mec beau-fort-intelligent entouré de femmes aux gros seins qui savent ce qu'elles veulent. Moi, à 26 ans, je ne sais toujours pas ce que je veux faire de ma vie. En attendant, je rêvasse. Je suis aussi inerte que mon grand-père dormant dans son fauteuil après le repas, la bouche ouverte. Je me déçois tellement. Passive, éternelle indécise, fantasmant sur les possibles. Piégée dans le confort. Inventant mille prétextes pour repousser, toujours repousser, et laisser le temps filer et m'angoisser. Pourtant, mon rêve me poursuit. Même la nuit. Surtout la nuit, quand la clameur du jour ne couvre plus les hurlements de ma petite voix intérieure.

**Intellectuellement, je végète.** Je régresse même. Je hais la télé, mais je regarde tous les téléfilms clonesques qui passent. Je me sens vieille. Tout est tellement moyen. En plus aujourd'hui c'était vraiment...

# La journée de merde

**La journée de merde, c'est un dimanche, ou un lundi.** Tu te lèves fatiguée parce que tu as mal dormi et que la veille, au lieu de te coucher tôt comme prévu (parce que tu étais déjà crevée), tu as regardé cinq mille vidéos sur ton portable.

**Il n'y a plus de capsule de café**, ta tartine de beurre saupoudrée de chocolat en poudre tombe du mauvais côté, tu t'habilles en piochant dans ton linge sale, tu fais la vaisselle de la veille, une projection d'huile vient s'exploser sur ton pull blanc. Tu mets le noir. Tu pars à ton rendez-vous sans avoir réussi à camoufler ce bouton énorme que tu as trituré avec un acharnement pathologique alors qu'à la base, on ne voyait RIEN. Tu te rends à la gare en voiture, et comme par hasard tu es derrière le petit vieux qui roule à vingt kilomètres heure, comme exprès pour te faire chier parce que tu es PRESSÉE. Finalement tu as stressé pour rien parce que ton train est en retard, mais tu angoisses à nouveau parce que tu vas rater l'heure de ton rendez-vous pro.

**Alors que tu es dans ton train**, le « pro » t'envoie un SMS pour dire que malheureusement il a un empêchement malencontreux et qu'il reporte à demain si possible. Bien sûr, le lendemain ce n'est PAS possible. Tu es donc en route pour RIEN. Tu envoies un SMS à ta copine Tonie qui habite dans le IXe pour prendre un café, tant qu'à faire. Tonie, hipster parisienne qui dit cinquante gros mots par phrase, mais dans sa bouche, ça fait chic et branché. Même son strabisme est *in*, quand tu la connais, t'as même les boules d'avoir les yeux droits.

**Finalement**, Tonie n'est pas dispo. Elle est à Miami avec sa bande de copines d'enfance. Tu sautes donc dans le train retour, tu reprends ta voiture sur laquelle est déposé un PV, et tu rentres chez toi, épanouie par cette journée productive et épanouissante (oui parce qu'avec tout ça il est 15 heures). Tu te verses un petit verre de vin rouge parce que t'as subitement envie de devenir alcoolique ; la bouteille t'échappe des mains. Le reste, je ne préfère pas en parler, trop mauvais souvenirs de serpillère, odeur, vin sous le frigo, taches sur le mur, pleurs, dépression.

**Tu appelles ta sœur,** Paula, Caro, Marc, ton père, ta mère… répondeurs.

**Ton fixe sonne !** Wouhou ! C'est Dominique Leroy, des fenêtres Tryba. « Êtes-vous bien isolée ? » Aaaah oui. Je suis bien bien isolée, oui.

# Comment positiver en cas de journée de merde

1- Mettre des Post-it POSITIFS partout dans ton appartement :

2- Appeler tes copines et parler, parler, parler. Encore mieux, les voir en vrai et prévoir quatre bouffes dans la semaine.

3- Faire du sport.

4- Manger un truc régressif (chantilly, glaces, bonbons…).

5- Prendre un bain moussant, avec une bougie sur le rebord de la baignoire, un masque hydratation intense cent cinquante-six heures sur le visage. Soit en silence, soit avec une musique ultrapositive (tu sais, celle que tu écoutes en boucle dix fois par jour, jusqu'à ce que tu ne la supportes plus. Moi en ce moment c'est *Maryland* de Elephanz, elle me fait penser à des vacances dans les îles et me met complètement la patate. Dans deux semaines je ne pourrai plus l'écouter.)

6- Regarder des vidéos de coaching sur Internet. Bon, leur but c'est surtout de te vendre leurs week-ends « Troque ta vie de merde contre une vie de dingue » hors de prix, mais parfois, entendre des évidences, ça fait du bien : « On n'a rien sans rien », « Le meilleur moment c'est maintenant », etc.

7- **Relire ton journal intime du collège et constater que quand même, ta vie est mieux aujourd'hui.**

# Le journal intime

CERTIFIÉ VÉRIDIQUE

En triant mes affaires, j'ai retrouvé mon journal intime du collège. Et j'ai ri. Beaucoup. → *Je n'ai fait que recopier des passages.*

Le journal commence sur le récit passionnant de mes vacances avec ma petite sœur Marie, chez mes grands-parents, à 12 ans.

**Extrait 1 :**

## UNE VIE PLEINE DE PÉRIPÉTIES.

Le samedi 30 juin 1992
Je me suis réveillée à 8 heures. J'ai bien déjeuné : mes Rice Krispies, un croissant, deux abricots, un verre de jus d'orange. J'ai oublié de prendre mes ampoules. À 10 h 15 je suis montée avec Marie pour me laver. Ensuite, nous avons regardé la télé. À midi, je suis allée à vélo aux champs pour voir Papy qui plantait des trucs.
Je lui ai dit « Ça va ? ». Il ne m'a pas répondu. À 17 h 30, je me suis mouchée, mais Mamie trouvait que je me mouchais mal, pas assez énergiquement. Je me suis mise à rire, mais à rire, je riais tellement !

*De désespoir devant ma vie, je pense.*

À 19 h 20, nous avons mangé et nous nous sommes couchés.

*Journée de* DINGUE.

**Extrait 2 :**

## MA SŒUR EST TEEEELLLEMENT CHIANTE.

Marie n'arrêtait pas. Dès que je lui disais quelque chose, elle prenait de grands airs. Alors je lui ai dit de se taire, j'ai crié un peu et Mamie m'a grondée, disant que je criais pour un rien. J'en avais vraiment marre. Elle la défend toujours.

**Extrait 3 :**

## LANGUE DE P*TE.

« Samedi, j'ai revu mes deux copains de quand j'étais en CP. Ils ont bien grossi. »

## Extrait 4 :

# MISS FRANCE.

Le soir, M. Mitterrand a parlé à la télé. La guerre n'est pas encore commencée. Il y aura peut-être une guerre mondiale. Je n'espère pas. Sinon, ça sera affreux. Pour demain je dois écrire une rédaction sur les aventures d'un flocon de neige.

*La guerre, c'est affreux.*

*Mais parlons de choses importantes.*

## Extrait 5 :

# LA MÈRE DE MISS FRANCE EST UN MONSTRE.

J'ai demandé à Maman pour la centième fois un chien. Alors elle a crié, elle a dit qu'elle n'aimait pas les animaux, que c'était non et puis c'est tout ! J'ai pleuré. C'est vrai quoi, elle n'a pas de cœur !

*Les animaux, c'est gentil. Mais pas ma mère.*

## Extrait 6 :

# MA MÈRE, SPÉCIALISTE DE L'ADOLESCENCE.

Maman m'a dit : « Si tu pleures c'est qu'il s'est passé quelque chose à l'école. » J'ai dit : « Non, il ne s'est rien passé. »
Peu de temps après je me suis dit qu'elle avait raison, que c'était sûrement parce que ma copine Cécile nous parlait de sa chienne, qu'elle était mignonne et tout... alors ça m'a attendrie. Je l'ai dit à Maman. Elle m'a dit que c'était normal, que de 12 à 14 ans je serai comme ça, c'est une période à passer.

*C'est l'adolescence, on n'y peut rien.*

*Pour info, je chiale toujours dès que je suis attendrie (ou quand je suis contente, ou triste, ou choquée, bref je chiale beaucoup).*

## Extrait 7 :

# QUESTION MÉTAPHYSIQUE.

Je n'ai pas du tout de poitrine. Et je fais un mètre quarante-sept à 12 ans, c'est minus ! Parfois je me pose la question si je ne serais pas, par hasard, un cas particulier ? Fille en bas, garçon en haut ?

*Non, c'est juste que t'as pas encore de seins, mais patiente un peu, en seconde tu pourras enfin mettre du 70 A.*

## Extrait 8 :

# MA MÈRE, SPÉCIALISTE DE L'ADOLESCENCE, ÉPISODE 2.

Parfois, j'ai envie de me tuer. Je l'ai dit à Maman, c'est vraiment ridicule car j'ai tout pour être heureuse, mais Maman m'a dit que j'allais avoir mes règles.

*C'est l'adolescence, on n'y peut rien.*

## Extrait 9 :

# MANU, L'HOMMEDEMAVIE.

Au retour, dans le bus, Manu s'est mis dans la rangée en face de moi.

On a bien rigolé et je crois (enfin c'est même sûr) que je suis tombée amoureuse de lui. Il est roux, super, hyper sympa, il se porte bien (il n'est pas du tout gros).

*Finie la grossophobie quand je suis amoureuse.*

Moi qui d'habitude n'aime pas les roux ! Comme quoi ça dépend lesquels.

*Bonjour la roussophobie en revanche.*

Aujourd'hui j'aime donc deux garçons : Olivier* et Manu. Mais je préfère Manu. Ce qui serait con, c'est qu'ils me demandent de sortir avec eux tous les deux en même temps (faut pas rêver, mais pourquoi pas) !

*JE NE LUI AI JAMAIS PARLÉ JE LE REGARDAIS DANS LA COUR.

*Je rêvais.*

## Extrait 10 :

# MA SŒUR EST TEEEELLLEMENT CHIANTE, ÉPISODE 2.

Aujourd'hui on s'est promenées (Marie, Maman et moi) le long du canal et Maman nous a acheté une choco.

*Ça veut dire chocolatine, qui veut dire pain au chocolat en charentais.*

Au début, Marie voulait un pain aux raisins, mais il n'y en avait pas, donc elle n'a rien pris, et puis après la promenade elle a voulu une choco !!!!!

**INCROYABLEMENT RELOU.**

## Extrait 11 :

# MISS FRANCE, ÉPISODE 2.

Ma tortue d'eau ne grossit pas. Il faudrait que je trouve un endroit où il y a beaucoup de tortues, je leur donnerais, elle s'ennuierait moins ! Je me demande comment elle fait pour rester vivante ! Ah, comme les humains sont cruels avec les animaux !

**J'AURAIS VRAIMENT PU GAGNER MISS FRANCE.**

Au fait, je suis allée à Disneyland Paris !

**OUI, LES ANIMAUX ÇA VA DEUX MINUTES, ON S'EN FOUT EN FAIT.**

## Extrait 12 : LE PREMIER RELOU.

Désolée, je raconterai pas mes quatre jours chez Mamie, j'ai des trucs plus importants à dire. → *Ouais, dorénavant, j'avais une vie.*

Je suis allée chez Jérôme pour écouter sa nouvelle cassette des Doors. Il m'a dit qu'il aimait les blondes aux yeux marron, comme moi. Je commençais à me douter de quelque chose. Surtout que cet hiver, il m'avait dit que je devrais faire mannequin (il est fou !). → *Mais il est fouuuu... Moiiii ? Nooooon...*

Je lui ai dit que j'aimais les bruns aux yeux marron.

*Il était blond aux yeux bleus.*

Il m'a dit qu'il était déjà sorti avec une fille de 15 ans, «presque comme toi» il m'a dit. → *J'avais 14 ans, il en avait 19.*

Il m'a demandé si j'étais déjà sortie avec un garçon. J'ai dit non. Il a dit :

— Tu veux que je t'apprenne ?
— Non.
— T'as peur ? C'est la nature, hein !
— Non j'ai pas peur, mais j'ai pas envie.
— Je suis sûr que t'as peur... → *Oui, là j'ai commencé à avoir peur.*
— Non.
— C'est la nature, hein !
— Oui, ben si c'est la nature, ça doit venir naturellement !

Et PAF ! → **J'ÉTAIS GÉNIALE.**

— C'est parce que j'ai 19 ans ?
— Oui, peut-être.
— Justement, c'est mieux.
— Je saurai me débrouiller et je sors avec qui je veux !

Et PAF ! Et je suis partie. Il a ajouté :

— Je te rejoindrai tout à l'heure.
— C'est ça ! Cours toujours !

*Sens de la formule*
*#Années90 #Héroïne.*

## Extrait 13 :
# CÉDRIC, L'HOMMEDEMAVIE.

Vikie et Lily ont demandé à Cédric s'il ne voulait pas sortir avec moi par hasard, vu qu'il n'embêtait que moi. Je voudrais préciser au passage que Vikie a voulu sortir avec lui et qu'il a voulu sortir avec Lily.

**MOI AUSSI JE SUIS PAUMÉE.**

Après il m'a dit : « Si je te demandais, tu dirais oui ? » Je n'ai rien répondu, je l'aime bien, mais ça ferait trop d'histoires. Mais si cela se passait naturellement, sans rendez-vous, je me laisserais faire.

**J'ÉTAIS SYMPA**

**AH, TANT PIS POUR LES HISTOIRES FINALEMENT.**

## Extrait 14 :
# NON, JE PEUX PAS. MAIS DISCRÉTOS, SI.

Je le trouve sympa. Mais Virginie veut sortir avec lui alors... J'ai pensé que si on faisait ça discrètement de façon à ce que V. ne s'en aperçoive pas... mais ça serait dur dur.

**OUI, J'ÉTAIS UN PEU SALOPE. IL EST SORTI AVEC VIRGINIE.**

## Extrait 15 :
# LES PROFS, CES TORTIONNAIRES.

Je ne suis pas allée au solfège, because of trop de BOULOT. Les profs sont cirés !

*#années90 # charentais*

En anglais le prof nous passe des trucs sur les élections présidentielles américaines, on n'y comprend que dalle, c'est chiant ! Bref, j'en ai marre.

**LA COUPE EST PLEINE, LES PROFS ABUSENT TROP.**

PS : au fait, le prof de maths a des nouvelles lunettes et des cheveux en plus (une perruque).

## Extrait 16 :
# LES COPINES FONT LA GUEULE (JE CROIS).

« M. L. fait la gueule à S. car elle ne dit jamais rien, elle fait toujours la gueule. En fait M. L. ne lui fait pas la gueule, c'est l'inverse, mais S. n'est plus avec nous car elle fait la gueule. »

## Extrait 17 : LOÏC, FAIS-MOI RÊVER BORDEL !

À la boum d'Éloïse (elle est chiante), Loïc m'a demandé pour rire si je voulais sortir avec lui. J'ai vu qu'il bluffait. Je lui ai dit oui pour le faire chier, mais il l'a vu. Après il m'a dit : «T'aurais vraiment dit oui, j'aurais dit oui aussi.» Ben fallait demander autrement mon gars !

EH OUI, FAIS-MOI RÊVER BORDEL ! METS UN GENOU À TERRE, PROPOSE-MOI UNE BALADE EN CALÈCHE, JE SAIS PAS, MOI !

« fête foraine » en charentais

## Extrait 18 : LE MEC AU BANDANA, L'HOMMEDEMAVIE.

À la frairie il y avait un mec canon ! Laëtitia le trouve moche ! Elle pousse ! Un charme !

ma cousine

*On dirait ma grand-mère qui parle.*

Châtain aux yeux marron, les cheveux jusqu'en bas de la nuque, mais courts devant, une sorte de carré long qui lui va super bien.

*Une coupe mulet, quoi.*

Jean, blouson en jean, bandana avec des têtes de mort et casque de moto. Il a du charme, il a quelque chose. Je l'ai remarqué parce qu'il me regardait et puis ouaw ! Chicos le mec !

*Un beauf, quoi.*

*Trop chicos. Un look classe du tonnerre.*

Il souriait quand je lui fonçais dessus avec mon auto-tamponneuse.

*Il était fou de moi, sinon il aurait fait la gueule.*

Bref, je suis amoureuse !
J'en ai marre de pas sortir avec des mecs, je dis toujours non.

*Ah ben c'est pour ça peut-être.*

J'espère que je le reverrai.

*Je ne l'ai jamais revu. C'est bête, on aurait fait deux enfants, Beverly et Brandon, on aurait roulé en Golf GTI tunée et le samedi soir, on aurait invité nos copains à la baraque pour l'apéro.*

PS : Je ne sais pas son nom, je l'appelle donc « LUI », en majuscules. »

OUI, C'EST QUAND MÊME L'HOMME DE MA VIE.

## Extrait 19 : LE PREMIER PATIN.

Mathieu, c'est l'élu du moment (affreux, je l'aime à la folie).

*C'est quand même l'homme de ma vie aussi.*

En maths, Julien m'emmerdait à taper du pied sur ma chaise et Mathieu l'a mis (son pied) volontairement sur ma chaise pour empêcher Juju (Julien) de me faire chier.

# UN HÉROS

Je suis amoureuse ! Il a écrit un mot sur ma trousse : « À une fille sympa, que dire de plus ! » En fait, je ne sais pas s'il me trouve juste sympa et c'est tout (pas mignonne, quoi) ou alors s'il m'aime et était à court d'idées. Éloïse (elle est géniale) et Juju m'ont dit que j'avais un ticket avec lui. Ça serait cool ! Il est top mignon, je l'adore (pff, je fais que penser à lui). Il vient à la boum d'Amélie, dernière boum de l'année, dernière boum du collège !
Au fait, mon journal est fini ! Il faudra que j'en achète un autre, bye mon journal !

*À la boum, l'homme de ma vie et moi on a dansé dix slows d'affilée, tous les deux dans la pièce parce que tous les copains étaient partis dans la cuisine pour nous laisser seuls, et dans un souffle angoissé, sur un fond de Bryan Adams, Mathieu m'a demandé : « Est-ce que tu veux sortir avec moi ? » La gorge serrée, j'ai répondu oui et il m'a enfin embrassée, en tournant consciencieusement la langue, au moins vingt fois, dans le bon sens.*
*On a vécu un mois d'amour intense après ça, dont trois semaines chacun en vacances de notre côté avec nos parents. Merci la classe de 3e 1 pour ces années de bonheur à jamais dans mon cœur (#InstantCucul).*

# Mon grand-père

**Mes grands-parents ont toujours été vieux.** J'ai l'impression qu'ils ont 91 ans depuis vingt ans. Vieux mais vigoureux. Mon grand-père abat encore des arbres, travaille toujours la terre, monte sur le toit de sa maison pour remettre des tuiles en place. Sans le dire à ma grand-mère parce qu'elle a peur qu'il tombe du toit.

Il tombe du toit.

**Mais comme d'habitude**, il s'en sort bien, il a juste un tassement des vertèbres. Ma grand-mère râle : « Il exagère je lui avais dit non ! » Lui, ça le fait rire, il s'est fait peur, mais mine de rien il est un peu fier.

**Ils sont mariés depuis deux cent soixante-dix ans.** Et comme ma passion c'est de savoir quel est le secret des couples qui durent, je pose la question à ma grand-mère pendant qu'elle pose deux tasses de café très allongé sur sa toile cirée fleurie (ou de thé très infusé, je ne sais pas trop). Elle ajoute une assiette de petites galettes charentaises, du chocolat, des pâtes de fruits, du nougat, du pain perdu, du… « Mamie c'est bon là, il y en a largement assez, je t'assure ! » Elle m'adresse alors sa phrase favorite, « Mieux vaut faire envie que pitié ! », ponctuée par la pendule qui sonne la demi-heure. Puis elle me livre les secrets de celle qui SAIT :

*Et comme je suis grave cool, je partage avec toi.*

**Le secret numéro 1**, c'est que Papi s'occupe bien d'elle. « Il me ramène des fleurs du marché tous les dimanches, par exemple ». Ok, c'est noté Mamie.

**Le secret numéro 2**, c'est qu'il part toute la journée dehors pour retourner sa terre et planter des trucs, donc ils ne s'étouffent pas. Ok, noté...

**Le dernier secret**, je sais ce qu'elle va me dire : c'est la co-mmu-ni-ca-tion. C'est ce qu'on lit dans tous les magazines, ce que tout le monde dit. Faut parler parler PARLER. Mais mon grand-père a dû prononcer trente mots à tout casser dans sa vie entière. Principalement des onomatopées. À moins qu'ils ne communiquent entre eux par des petits codes...

« C'est de demander » lâche Mamie. « Parce que si tu attends que ton mari devine ce que tu veux, tu peux attendre jusqu'à la saint-glinglin. » Je hoche la tête et note mentalement ce troisième secret, une tartine de pain perdu dans la bouche. Merci, Mamie. Merci aussi au nom de toutes les copines et copains qui vont lire ce livre.

**La vie de couple me paraît quand même plus simple pour eux** : Papi n'a jamais liké des profils de nanas ultrabonnasses sur Instagram, et à 40 ans, Mamie portait déjà sa blouse à fleurs et ses seins au nombril (et je ne pense pas qu'elle ait déjà acheté de gel anticellulite ou qu'elle ait pris un rendez-vous chez l'esthéticienne pour un maillot ticket de métro. Bref, moins de pression, moins d'exigences, couple heureux).

**J'ai une tendresse particulière pour les vieux.** Leur façon d'être au ralenti, de devoir faire un effort pour tout, même pour marcher, alors qu'on gambade tous sans y penser. Parfois sur le trottoir je n'ose pas les dépasser, ou alors en ralentissant mon pas, pour ne pas qu'ils se sentent trop diminués. Bon, en voiture, ils font quand même un peu flipper : vas-y que je roule à trente kilomètres heure, que je mets mon clignotant quatre kilomètres à l'avance… (toi, derrière, t'es en suspense à chaque route croisée : « Maintenant !? Ah non. »). Le pire, c'est que parfois ils sont tellement tassés et bas sur leur siège que tu as l'impression que leur voiture avance toute seule.

**En revanche**, quand j'ai acheté ma Twingo, j'ai été bien contente de tomber sur un vendeur de plus de 70 ans. Année : 1998. État : neuf. Aujourd'hui, après deux ans passés en ma compagnie, elle a rejoint l'état de nature, grâce à la mousse et aux champignons qui prolifèrent. J'attends la prochaine révision pour que le garage la lave.

# Tableau comparatif féministe-revendicatif-dénonciateur-engagé

CE QUE PEUVENT FAIRE LES HOMMES (ET PAS LES FEMMES)

| | ♀ | ♂ |
|---|---|---|
| - Être torse nu à un barbecue entre potes. | ☐ | ☑ |
| - Faire carrière sans qu'on leur demande « Mais vous arrivez à concilier votre travail avec votre vie de père ? ». | ☐ | ☑ |
| - Montrer ses fesses en soirée sans qu'on trouve ça vulgaire. | ☐ | ☑ |
| - Partir en soirée sans se demander si sa tenue n'est pas trop sexy. | ☐ | ☑ |
| - Rentrer de soirée sans avoir peur de se faire violer. | ☐ | ☑ |
| - Poster une photo sans maquillage sur Instagram sans qu'on dise « C'est courageux ». | ☐ | ☑ |
| - Avoir des poils sans que ça soit un acte militant. | ☐ | ☑ |
| - Rater son créneau sans qu'on pense « Femme au volant... ». | ☐ | ☑ |
| - Avoir du bide, être chauve avec les dents jaunes et sortir avec une jeunette canon sans qu'on trouve ça choquant. | ☐ | ☑ |
| - Avoir des cheveux blancs sans qu'on dise « C'est courageux, il assume ses cheveux blancs ». | ☐ | ☑ |
| - S'énerver sans qu'on dise « Il est hystérique » ou « Il a ses règles ». | ☐ | ☑ |
| - Poser ses vacances sans calculer si ça va tomber pendant ses règles. | ☐ | ☑ |
| - Tromper sa femme et qu'on dise « En même temps, c'est un homme… ». | ☐ | ☑ |

# 17 mai : naïve.com

**Aujourd'hui, c'est la journée contre l'homophobie.** (On est de retour dans ma vie de prof en lycée pro, wesh). Environ 80 % des élèves du lycée sont homophobes, j'ai donc une mission. On va en parler et à la fin de l'heure ils seront tolérants et aimeront leur prochain. Liberté, égalité, fraternité, la vie est belle, l'être humain est perfectible et fondamentalement bon. De toute évidence, j'ai trop lu Rousseau pendant mes études.

**Je traverse la cour,** toujours en me faisant siffler (je pourrais me rebiffer – mais gueuler à quatre cents mecs en même temps : « Oh vous arrêtez, oui ? C'est qui ? C'est toi ? Non, c'est toi ? C'est tout le monde ? Oui ben… ça suffit hein ! »).

**Arrivée dans ma classe.** Matage en règle de mon pantalon de grand-mère marronnasse et de mon gilet informe orangeasse qui colle à mon ventre proéminemment rempli de goûters au fromage (offert par ma mère à Noël, en grosse laine avec une fermeture éclair devant, que je pensais ne jamais mettre, comme quoi, les mères SAVENT).

**LES ÉLÈVES** – Vous êtes enceinte ?
**MOI** – Non, j'ai grossi, merci.

**Ce matin j'ai les CAP magasinier.** Ils ont entre 18 et 20 ans, et ils sont plutôt gentils, c'est mon groupe préféré. Oumar, un mètre quatre-vingt-dix, cent dix kilos, dépose tous les jours un poème d'amour sur mon bureau, en sortant.

*J'ai écrit ton nom sur le sable, la mer l'a effacé… j'ai écrit ton nom sur le sol, le vent l'a emporté…* à la fin du poème il l'a écrit *sur son cœur, et mon nom est resté.*

J'ai écrit son nom sur le cahier d'heures de colle, mais le vent ne l'a pas effacé, ah ah. Mais non, je n'ai pas fait ça. C'était pour la formule, je trouvais ça marrant. Je lui ai dit gentiment qu'il fallait qu'il arrête. Il a arrêté.

**Ce matin, Jonathan est triste.**

— C'est parce que mon chien est mort hier soir dans un combat.
— Ah. Peut-être qu'il faudrait éviter les combats alors, non ?

J'ai commencé mon laïus sur l'homosexualité. Ils étaient fort intéressés, parce que je répondais à toutes leurs questions, sans me moquer d'eux :

**JONATHAN** – Madame, si deux hommes ils font… enfin voilà quoi, vous voyez ?
**MOI** – Oui, je vois, oui.
**JONATHAN** – Ben… y en a un il peut tomber enceint ?
**MOI** – T'as déjà vu un homme enceint, Jonathan ?
**JONATHAN** – Non... enfin… si, dans un film avec Schwarzenegger.
**MOI** – … Mais les films, c'est la réalité ?
**JONATHAN** – … Non... ?

Et au bout de quinze minutes de débat :

**KEVIN** – Madame, Oumar il a la barre !
**MOI** – Pardon ?
**KEVIN** – Oumar il a la barre ! De ouf !
**MOI** *(lente, très lente à la détente)* – La barre ? la barre...
**KEVIN** – Ouais, il en a une comme ça. (Et il MIME.)
**MOI** *(comprenant enfin, et avec une voix militaro-panico-glaciale)* – OK ! Nous allons reprendre le cours sur la comparaison et la métaphore (dans ma tête : putain putain putain putain putain putain putain putain).

Eh oui, dans « homosexualité », il y a « sexualité ».

Heureusement, après, en salle des profs, mes collègues m'ont rassurée : « Attention hein, tu pourrais te faire violer…»
Aaaaaah okayyy. Ça va alors.

**Pendant ce remplacement,** j'ai été en tension psychologique permanente : écrire au tableau sans tourner le dos aux élèves, toujours garder son calme, ne pas se sentir harcelée par les sifflements… Mais au bout de quatre mois et quatre kilos en plus, j'avais gagné : les élèves me respectaient.

Quand ils ont vu mon cocard, ils ont même voulu « défoncer » celui qui m'avait fait ça, et j'ai eu toutes les peines du monde à les convaincre que le salaud était ma portière de voiture. Lorsque j'ai annoncé que leur prof allait revenir, que je devais partir, j'ai eu le droit à « lâcheuse », « ça se fait pas », « vous nous aimez pas en fait ».

Ces élèves ont été les plus « à fleur de peau » que j'ai connus, les plus écorchés vifs, et c'est là-bas que je me suis sentie la plus impuissante, témoin d'une sorte de gâchis frustrant pour certains, espérant qu'ils seront assez forts pour s'en sortir.

**En quatre mois,** j'ai aussi réalisé que j'étais une privilégiée. Grâce à Benjamin. Benjamin, élève gentil, sérieux, a commencé à être moins attentif en classe, à se rebeller un peu. Presque par hasard, à la fin d'un cours, je lui demande : « Ça va en ce moment, Benjamin ? Vous êtes un peu différent en classe. »

**Et là il m'avoue,** comme s'il n'attendait que ça, que non, ça ne va pas, parce que son père veut qu'il fasse un BEP « méca », comme son frère, alors que lui veut être cuisinier. OK. Problème.

**J'organise un rendez-vous** avec le père de Benjamin. Monsieur Ramires, gentil, humble, droit dans ses bottes. Quatre enfants.

— La mécanique ça a marché pour son frère, donc pareil pour le petit.

— Mais Benjamin ne veut pas faire ça, il veut faire cuisine.

— Oui, mais pour faire cuisine, il faut aller en internat, à trente kilomètres de là.

— Et alors ?

— Et alors ça coûte tente euros par mois.

— Et alors ? Trente euros ça va !

— Non. Je ne peux pas.

J'ai eu encore plus honte que toutes les hontes de ma vie.

Je suis tombée violemment des dix étages de ma petite vie de privilégiée qui n'a jamais manqué de rien.

Silence.

**Le principal adjoint,** présent lui aussi, vient à ma rescousse en disant qu'il existe des aides, mais monsieur Ramires ne touche pas les aides, parce qu'il ne les a jamais demandées. Parce qu'il est fier et digne. C'est injuste. Benjamin est un élève sérieux, et intelligent, en plus il sait ce qu'il veut faire de sa vie, à 15 ans. Si on ne peut pas l'aider, c'est vraiment qu'il y a un gros problème dans ce système dont je fais partie.

Je n'ai jamais su si le père de Benjamin avait vu l'assistante sociale ni si son fils avait fait sa filière cuisine. Benjamin, si tu lis ces lignes, j'espère que c'est en préparant un mille-feuille dans un restaurant.

**Le soir,** quand je me suis couchée à côté de mon Clark Kent, j'ai relativisé.

OK, ma vie n'est pas celle que je rêvais d'avoir, mais je ne suis pas à trente euros près.

Ça va venir
T'inquiète.

# Ma Soeur

**Marie. Huit ans et demi de moins que moi.** Le même beau rire ~~doux et cristallin~~ de cheval. Mes parents ont attendu longtemps avant de faire un second enfant parce que, je cite : ~~« Tu étais si captivante ! »~~ « Tu étais tellement fatigante ! »

**Quand elle est arrivée,** j'étais très très contente. J'adorais m'en occuper, la changer, lui laver le nez avec un Coton-Tige... (c'est mon côté « j'aime percer les boutons »).

**Tout le monde répétait :** « Oh, mais Vanessa est comme une seconde maman pour sa sœur ! » J'y ai cru. Je pensais par conséquent qu'il était de mon devoir de l'éduquer. Donc je jouais beaucoup avec elle, mais je la fâchais quand je trouvais qu'elle exagérait (et ma patience était infinie, vous avez pu le constater dans le chapitre « Le journal intime »).

**Un jour** que je l'enguirlandais* un peu trop fort, mes parents m'ont dit d'arrêter, très sèchement : « Tu arrêtes de la fâcher* ! Tu n'es pas là pour la reprendre* ! »

## LIBÉRATION.

**J'ai expérimenté mon premier lâcher-prise.** Je n'étais plus RESPONSABLE de son éducation. Peu importe qu'elle soit malpolie, future délinquante, qu'elle revienne un jour tatouée et percée au nombril, ce n'était plus de mon ressort.Comme une mère dont la fille a trouvé un travail et un appartement, j'avais le sentiment d'avoir « fait le job », je me suis sentie... libre ! Une nouvelle vie s'ouvrait devant moi, finies les responsabilités !

**Marie n'a pas viré délinquante,** elle a fait une école de commerce, et elle est maintenant responsable des ressources humaines dans une grosse boîte, à Bordeaux. Elle aime bien son travail, mais elle trouve qu'il y a

*J'ai essayé d'employer tous les mots qui veulent dire « engueuler » sans dire le mot « engueuler », qui est vulgaire, mais tous les autres mots sonnent un peu cucul la praline.

plein de dysfonctionnements dans la façon de gérer les employés, et ça la chiffonne.

Son rêve à elle, c'est de travailler dans le bien-être : elle s'intéresse à la psychologie, au yoga, à la méditation, à l'alimentation…

### Sa phrase fétiche :

## « Pose une intention, le chemin s'ouvrira… »

En gros, quand quelque chose doit fonctionner, la porte s'ouvre, sinon c'est que ce n'est pas le moment.

*Avec ce genre de trucs, j'émets un souhait et j'attends que ça se passe. Donc ça ne s'ouvre pas, et je me dis : « Ah bah, c'est pas le moment. Allez, j'appelle les copines pour prendre l'apéro. »*

# Les Trucs que tu ne devrais pas faire,

## mais que tu fais quand même

☐ Allez chez tes parents plus de trois jours d'affilée.

☐ T'habiller super sexy, puis passer la soirée avec l'air de t'excuser d'avoir osé penser que tu pouvais prétendre être sexy.

☐ Courir vite devant la fenêtre pour ne pas que les voisins te voient quand tu sors de la douche toute nue.

☐ Commander du champagne pour faire classe alors que tu ne le digères pas du tout.

☐ Mettre un maillot une pièce pour ta première exposition au soleil de l'année.

☐ Demander à ta belle-mère si ta robe te va bien.

☐ Enchaîner une bière, une Vodka-Redbull, un Gin-tonic.

☐ T'enflammer et inviter quarante personnes chez toi samedi prochain.

☐ Prendre un Big Mac et un milk-shake à la sortie du sport.

☐ Emmener ta copine Alyson, mannequin lingerie fine, en vacances avec toi, ton mec et ta cellulite, et accepter qu'elle chahute dans l'eau avec son string et ton mec. Ah ah, on rigole bien.

☐ Avoir peur d'avoir l'air radine et laisser un pourboire énorme alors que t'es dans le rouge.

☐ Laisser ton oncle Michel faire un discours à ton mariage.

# Ma mère

**Ma mère,** c'est Valérie Lemercier, mais née de parents cheminots et communistes. Elle vote à droite, comme son mari (c'est-à-dire mon père, si tu suis), mais « son cœur est à gauche ».

**Ma mère,** c'est une poigne de fer dans un éclat de rire.

**Ma mère,** tu peux pas la rater.

Elle adore cuisiner, bricoler, coudre, peindre, tricoter, faire du vélo, ranger, faire de la gym, marcher avec ses copines, nager dans la mer même quand l'eau est à 16 °C (mes parents vivent sur l'île d'Oléron), monter des étagères, regarder des vidéos sur « YouToube » avec sa tablette (elle est accro), tailler les haies, faire des ménages de printemps tous les week-ends, utiliser des expressions branchées, qu'elle prononce avec un léger accent bourgeois charentais :

« Vânessâ, j'ai fait un gâteau au chocolât pour mes invités, une tûerie ! Une tutu, une riri, une tûerie ! » (Ah oui elle aime décomposer les mots, aussi.)

Et elle rit.

Elle a été longtemps, avant de suivre mon père pour sa carrière, prothésiste dentaire. Elle n'est donc pas DU TOUT obsédée par les DENTS : « Vanessa, attention à tes dents ! Casse-toi le bras si tu veux, mais pas les dents ! », « La présentatrice météo, Machine, là..., tu sais, et ben tu as vu ? Elle s'est fait blanchir les dents, c'est affreux ! C'est trop blanc ! ».

**Quand j'étais ado :**

– Vanessa, le fils de Brigitte, il est beau garçon tu ne trouves pas ? Il a des dents !

– Non, désolée Maman, je le trouve hyper moche.

– Ah non ! Il a des dents superbes !

**Pour ma mère, être beau = avoir de belles dents.**

C'est aussi une négociatrice hors pair.

Par exemple, imaginons que tu veuilles un rendez-vous chez un ophtalmo rapidement. Disons dans la semaine (le truc impossible. Tu as tenté, et le prochain créneau disponible est en octobre de l'année prochaine.).

Tu appelles ma mère.

Elle prend son téléphone.

Elle papote trois minutes avec la secrétaire.

Tu as un rendez-vous le lendemain à 8 h 30.

**Ma mère,** personne ne l'impressionne. Elle s'en fout.

**Un jour,** en voiture avec elle à La Rochelle, nous cherchions une place pour nous garer. Au bout de plusieurs tours de centre-ville, elle en repère enfin une.

Elle commence sa manœuvre, mais brusquement, une grosse voiture noire fait marche arrière, et nous souffle la place sous le nez.

Ma mère se fige. Ses lèvres se pincent. Elle ne prononce pas un mot, serre le frein à main, ouvre la portière, pose son talon sur l'asphalte et se dirige calmement vers le conducteur de la grosse berline. Et lui fait signe de baisser sa vitre, et lui demande de partir. (Trop gentiment, c'est louche.)

Il dit non.

Elle dit si.

Il dit non.

**ELLE** – Si si.

**LUI** – Non.

**ELLE** – Si si, je vous assure, vous allez partir. Ce n'est pas parce qu'il y a votre femme à côté qu'il faut faire le coq. D'ailleurs bon courage, madame !

**LUI** – Madame, je crois que vous ne savez pas qui je suis.

**ELLE** – Probablement que vous êtes quelqu'un de très important, mais visiblement VOUS ne savez pas qui je suis. Et ça, c'est très très ennuyeux pour vous.

Elle l'a dit sur un ton tellement convaincant que je me suis demandé si elle n'était pas effectivement quelqu'un de super important.

Puis elle a dégainé son arme ultime : « Vous pouvez me donner votre nom, s'il vous plaît ? »

Il a bougé sa voiture.
On s'est garées.
Ma mère, faut pas la faire chier.

## Ses phrases fétiches :

Je me suis écrasée plus jeune, maintenant c'est terminé !

Vanessa, tu n'as pas autre chose à faire que de glander sur le canapé ?

Travaille. L'indépendance financière, c'est la liberté.

BON CONSEIL.

Tu n'es pas infirmière, Vanessa : les boulets, les mecs à problèmes, c'est non merci, tu passes ton chemin.

Super conseil (voir chapitre "Le dico des Boulets" page 142).

## Son arme fatale :

« Je peux avoir votre nom s'il vous plaît ? »*

*Phrase dite avec l'air tranquille d'un agent des services secrets hyper pote avec le chef du gang des motards du coin et cousine germaine du président de la République.

# Les gens sont dingues

## (déclinable en Les gens sont cons, Les gens sont débiles...)

Force est de constater que parfois, l'espèce humaine est étonnante, exaspérante, désespérante :

- Quand tu veux te garer et qu'une voiture s'est mise EN PLEIN MILIEU de deux places. (T'as envie de rayer la bagnole).

- Quand la voiture qui te suit te met la pression en te collant au pare-chocs pour te faire comprendre qu'il veut doubler (j'ai mis « il », je suppose donc que c'est un homme au volant, c'est sexiste, *mea culpa*).

- Quand quelqu'un ne comprend pas le second degré : tu lui dis pour rire « On a beau dire, une bonne guerre ça relance quand même l'économie », et qu'il t'explique que « Non, la guerre, ce n'est pas bien ».

- Quand t'entends un mec au look de punk à chien, tatouage « *I hate my mum* » sur le bras et « *Fuck* » sur la main (une lettre sur chaque doigt, stylé) râler : « Ouais putain, c'est scandaleux ils m'ont pas embauché comme baby-sitter, les gens sont cons, ils s'arrêtent aux apparences. » C'est comme si une bonne sœur se plaignait de ne pas se faire draguer.

- La voiture qui roule à soixante-dix sur l'autoroute sur la file de GAUCHE. Tu ne peux donc pas doubler. (Tu finis quand même par doubler par la droite en le regardant d'un air de dire : « Regarde ce que je suis obligée de faire à cause de toi ! »)

- La fille sur la plage qui boit son cocktail à quinze euros sur son transat et râle à propos du marchand de lunettes ambulant : « Mais ça fait deux fois qu'il pââsse ! Mais mâ parôle c'est un véritââble fléâu ! » C'est toi le fléau.

- Les gens sur Facebook qui mettent en commentaire « Mon dieu, ma chérie, tu es magnifique !!! » sous une photo ostensiblement ratée qui ne met pas DU TOUT en valeur son sujet.

- Les copines qui disent « Ouais bof, moyenne la photo que tu as postée sur Insta ». Jalousie, clairement.

- Au supermarché quand une deuxième caisse s'ouvre et que tout le monde y va. Toi tu restes dans la file d'origine, où il n'y a plus personne. Et là, tu jubiles intérieurement (« Hein hein, je vous ai tous eus, bande de moutons ! »). Sauf que la caissière se révèle être totalement neurasthénique. Et que le client d'avant dit : « Ah zut, j'ai oublié de peser mes courgettes, je reviens, désolé ! »

- Quand le mec au look de punk à chien tatouage « *I hate my mum* » sur le bras et « *Fuck* » sur la main (oui, encore lui) t'aide à porter ta valise super lourde dans les escaliers de la gare. Merde, là c'est peut-être toi la conne. T'as envie de lui proposer du baby-sitting (et de se laver un peu les cheveux, quand même).

**Conclusion : On est tous cons de temps en temps.** (Tant que c'est pas tout le temps !)

Parfois, bien sûr, les gens font des trucs formidables. Mais c'est moins drôle alors je ne développerai pas.

# Mon père

**Mon père** a travaillé dans une banque toute sa vie, en gravissant les échelons un à un, jusqu'au dernier. Pour lui, les études c'est sérieux, le travail c'est sérieux, la réussite c'est sérieux, **la vie c'est sérieux.**

**Un jour,** ses collègues l'ont retrouvé évanoui sur son bureau. Il faisait un burn out, mais comme c'était pas encore la mode à l'époque, on a juste dit qu'il s'était évanoui.

**Il est à la retraite depuis peu,** mais il donne toujours des cours à la fac et fait partie d'une association qui suit de jeunes entrepreneurs. Il aime aussi passer du temps sur son ordinateur, tentant de contrer la « malédiction ».

**Oui, mon père a depuis toujours un super pouvoir.** À son contact, tous les appareils électroniques tombent en panne.

**La malédiction a commencé très tôt,** avec le magnétoscope. Il a essayé de le réparer, calmement pendant dix secondes, puis en tapant dessus : « C'est de la merde ce truc !!! Je vais le rapporter au magasin, ils vont m'entendre ! »

**Six mois plus tard,** le magnétoscope s'était mué en objet de décoration, inutile, nous narguant au milieu du salon.

**Ensuite,** il y a eu l'ordinateur. Puis l'imprimante. Le caméscope. La télé.

**Pour certains appareils, on découvrait la panne par hasard :** « Il faut filmer ça, Papa ! Il est où le caméscope ? » Il prenait un air agacé, comme si le caméscope était un ami qui l'avait trahi et que nous étions bien indélicates d'en parler : « Il ne marche plus. »

On n'en parlait plus.

**On s'est habitués peu à peu à vivre sans technologie.** On n'avait pas de micro-ondes non plus, « parce que les ondes, c'est mauvais ».

**Oui, mon père s'inquiète beaucoup.** C'est un euphémisme. Il s'inquiète quand on est fatiguées, il s'inquiète quand on travaille beaucoup, il s'inquiète quand on ne travaille pas assez, il s'inquiète quand tout se passe bien, parce qu'on ne sait jamais, ça pourrait s'arrêter.

**Un jour, quand j'étais au lycée,** il est venu me voir dans ma chambre, l'air grave et inquiet, et d'un air solennel, il m'a tendu deux feuilles de papier annotées par ses soins : « Vanessa, j'ai listé tout un tas de solutions pour ton problème. »

**Intriguée,** (de savoir quel était mon problème, déjà), on a lu ensemble les feuilles (mettre mon lit la tête au nord, c'est tout ce dont je me souviens). Je n'ai jamais osé lui demander de quel problème on parlait, ça avait l'air tellement évident. J'ai dit « Oui, merci beaucoup » et j'ai appliqué ses solutions (aujourd'hui je vais bien, donc ça a dû fonctionner).

Il a ajouté que je devais vraiment prendre en charge ce problème parce que j'avais tout pour moi : j'étais une bonne élève et en plus « pas trop moche, ça va », puis il ajouté « je t'aime ».

**Je t'aime.**

**La vache.**

**C'était la première fois qu'il me le disait.** Ça m'a dévastée. Et me dire que j'étais « pas trop moche » et pas trop bête ! Ça faisait trop de révélations d'un coup.

**Après j'avais rendez-vous avec une copine en ville,** et je suis arrivée en pleurs :

— Mazette, il se passe quoi Vaness ?
— Mon père m'a dit qu'il m'aimait.
— Oh merde.

OUI ON EST DANS LES ANNÉES 90, EN CHARENTE-MARITIME.

N'empêche, ça m'a donné beaucoup de confiance en moi pour la suite. Moi qui avais tout misé sur l'humour, je suis devenue soudain potentiellement irrésistible. → JE VOUS RAPPELLE QUE LA DEMI-MESURE, JE NE CONNAIS PAS.

**Mon père s'inquiète toujours aujourd'hui.**

## Sa phrase fétiche :

## « Attention, ça, c'est très mauvais. »

« Ça » c'est : le sel, le sucre, le plastique, le téléphone portable et son cancer du cerveau, le déodorant et son cancer du sein, les tampons et leur cancer de l'utérus, on devient aveugle en regardant la télé de trop près, on devient un délinquant en ne faisant pas ses devoirs...

**Il abreuve aussi ma boîte de mails** pas du tout angoissants sur les dangers sournois de la jungle dans laquelle nous vivons :

TR: Avez-vous du Wi-Fi dans le cerveau ?

PK Philippe Kayo
dim. 25/02, 09:27
Vous ; Marie Kayo (mariekay@gmail.com)

Fwd: Métaux lourds : votre corps est-il contaminé à 90 % ?

PK Philippe Kayo
mar. 26/12/2017, 09:51
Vous ; Marie Kayo (mariekay@gmail.com)

TR: TR : Fwd: Super-INFO->>>Enfin une explication claire sur le réchauffement climatique !...

PK Philippe Kayo
mar. 20/02, 19:30
Vous ; Marie Kayo (mariekay@gmail.com)
Répondre

**De :** Philippe Kayo
**Envoyé :** mardi 14 novembre 2017 10:05
**À :** vous
**Objet :** Fwd: Cancer du sein : mettez toutes les chances de votre côté

FW: TR: Tr : Fw: TR: Arrêter un AVC : très bien expliqué, regarder la vidéo

PK Philippe Kayo
mer. 09/09/2015, 21:25
Vous ; + (36 autres)

A diffuser ....

TR: Doliprane : lisez ceci avant d'en avaler le moindre gramme

PK Philippe Kayo
lun. 19/02, 20:00
Vous ; Marie Kayo (mariekay@gmail.com)

TR: 11 vaccins obligatoires :
ce médecin révèle le"pot au roses"

Philippe Kayo
dim. 25/02, 09:27
Vous ; Marie Kayo (mariekay@gmail.com)

TR: PROZAC : une histoire de FOU !

Philippe Kayo
dim. 25/02, 09:27
Vous ; Marie Kayo (mariekay@gmail.com)

TR: Fw: Fwd: CLEFS MAGNÉTIQUES
DES HÔTELS… LE SAVIEZ-VOUS ?

Philippe Kayo
dim. 25/02, 09:27
Vous ; Marie Kayo (mariekay@gmail.com)

Infos santé

Philippe Kayo
lun. 25/09/2017, 10:29
Vous ; Marie Kayo (mariekay@gmail.com)

Conseils enfants scolaris… 5 Mo
Infos Cerveau et intestin… 6 Mo
2 pièce(s) jointe(s) (11 Mo) Télécharger tout Tout enregistrer dans OneDrive - Personnel

Coucou les filles,
Ci-joint des infos glanées
P.S une page en double et une page blanche en début du dossier sur le cerveau

Bisous

TR: Écoutez les murmures de votre corps (avant qu'ils ne deviennent des cris)

Philippe Kayo
jeu. 09/11/2017, 18:25
Vous ; Marie Kayo (mariekay@gmail.com)

*Bref, vivre, ça fait mourir.*

Nota bene : Papa, Maman, lisez la partie « Remerciements » avant de me déshériter.

# 5 octobre : Théâtreuse !

**Journée importante :** c'est l'anniversaire de ma sœur. Je lui ai envoyé une lettre avec une histoire complètement délirante qui parle de carottes râpées magiques, dont elle est l'héroïne. C'est aussi le jour où elle commence ses études supérieures de commerce. Et c'est aussi le jour où j'ai pris mon PREMIER cours de THÉÂTRE ! ENFIN, j'ai osé ! Dans une petite salle aux murs noirs, avec une vraie scène aux planches de bois. Avec deux profs (un couple). Ils ont l'air super. Je ne suis pas montée sur scène, j'ai juste regardé les autres élèves jouer leur texte (le cours a commencé en septembre). Ils jouaient du Feydeau, ils étaient très forts, très drôles, j'ai adoré ! Adoré adoré adoré adoré. Je dois apprendre un texte pour le prochain cours. Je le jouerai avec un autre élève, Tony. Tony a une coupe mulet, roule en golf tunée, fait plein de fautes de français. Mais il est sympa. Je suis tellement contente ! Un texte de Courteline. J'ai adoré. (Je l'ai déjà dit ?)

# février : L'hôpital, c'est spécial

**Au théâtre,** on travaille sur une pièce de Feydeau, *Léonie est en avance*. Léonie est sur le point d'accoucher, en avance (comme l'indique le titre). Je dois jouer les contractions tous les mardis soirs depuis un mois. Ironie du sort, un matin je commence à ressentir des douleurs au ventre, pour de vrai. Je vais chez le médecin, il me dit : « Vous avez une petite infection urinaire », je dis OK. Deux jours après, j'ai toujours mal. Je vais chez un autre médecin, il me dit : « Vous avez une bactérie dans les intestins », je dis OK. Deux jours après, je n'en dors plus la nuit. J'arrête de dire OK et je demande à l'HommeDeMaVie de m'emmener aux urgences.

**J'ai une pyélonéphrite.** Stylé non ? Du grec pyelo qui veut dire « bassin » et nephrite qui désigne une « maladie des reins ». Une infection urinaire qui est remontée dans les reins.

**Je suis dans un tout petit hôpital.** Au même étage, jambes cassées, pyélonéphrites (toujours stylé), accouchements, fins de vie (euphémisme pour ne pas dire « morts », parce que ça fait peur). Une microsociété, gérée par des dieux (les médecins) et leurs saints (infirmières, infirmiers, aide-soignants, brancardiers, ambulanciers...).

**Je suis dans la même chambre qu'une femme très gentille,** Josiane, d'une cinquantaine d'année. Elle aussi a une pyélonéphrite (oui je répète le mot, c'est fait exprès, c'est pédagogique, comme ça tu sauras l'écrire à force). Elle l'a su à l'odeur de ses urines, parce qu'elle est paraplégique. À cause d'une sclérose en plaques. Elle me raconte sa vie, elle en a bavé, je compatis.

**La nuit, je ne dors pas.** Les ronflements ogresques de Josiane, les bips des patients des autres chambres qui sonnent pour qu'on vienne les aider, les « au secouuuurs... » déchirants du petit vieux du bout du couloir. Comme il harcèle les infirmières, elles font la sourde oreille. Il me brise le cœur, je compatis.

**Quand j'arrive enfin à m'endormir,** épuisée, l'infirmier débarque avec son aiguille pour la prise de sang. À cinq heures du MATIN. Je n'ai jamais compris pourquoi SI TÔT. L'infirmier est gentil. Mais je ne l'aime pas. Il est beaucoup TROP en forme. Il parle fort, il a une patate de malade, il veut apporter de la bonne humeur : « YOUPI, ALORS COMMENT CA VA AUJOURD'HUI ?!! LA FORME MA PETITE DEMOISELLE ? » En temps normal, je le trouverais probablement génial (enfin probablement), mais là je suis tellement fatiguée qu'il m'angoisse avec son énergie de dingo. Je préfère Mélanie, l'infirmière. Mélanie... Elle parle tout doucement, elle est belle, délicate, maternante, je l'aime. Quand elle entre, je vais mieux.

**Pas de chance,** c'est le survolté sous coke qui débarque. « BONJOUR LÀ-DEDANS ! ALORS, PRÊTE POUR LA PETITE PRISE DE SANG ? »

**Sans l'ombre d'un doute,** il se sert dans les médocs de la pharmacie de l'hôpital, comme dans les films où il y a toujours un infirmier ou un médecin en surmenage qui prend de la morphine en douce. Là c'est sûr, c'est lui. Personne n'est dans cet état à cinq heures du matin.

**Saint Youpi-la-morphine regarde ma perfusion,** juge qu'elle ne s'écoule pas assez vite, sort illico une paire de ciseaux de sa blouse et racle avec la tranche le petit tuyau qui relie le sac rempli de liquide antibiotique à mon bras. Très efficace. Très efficace d'un coup. Ça fait très mal d'un coup en gros. Je crie.

« AH OUI, C'EST UN PEU SURPRENANT AU DÉBUT ! » Surprenant ?! Je rectifie : il est drogué ET con.

« ALLEZ ON Y VA ! C'EST PARTI POUR LA PETITE PRISE DE SANG ! VOUS POUVEZ REGARDEZ, HEIN ! »

Euh non merci, je n'ai pas envie d'admirer l'aiguille s'enfoncer dans ma peau, à l'aube, à peine réveillée, après une nuit de cinquante minutes.

**Je tourne la tête,** je sens la piqûre, je respire... pour me détendre je m'imagine nageant dans une mer bleu turquoise, flottant sur l'eau tiède, dans un bien-être total… le soleil réchauffant ma peau... et je lutte contre l'idée d'un requin venant foutre ma relaxation en l'air. (Je n'aurais jamais dû regarder *Les Dents de la mer* quand j'étais petite). Saint Youpi-j'adore-la-caféine me tire brutalement de mon état méditatif : « EH MERDE !… BOUGEZ PAS ! C'EST QU'UN PETIT PROBLÈME. » Je sens un liquide couler sur mon bras, mon Dieu c'est mon sang ! C'est la merde, je suis en danger, ma vie est entre les mains de l'infirmier saint Youpi-droguons-nous. Je retiens ma respiration. Surtout rester immobile, pour lui donner les meilleures chances de me sauver.

**Au bout du silence,** je risque un « ça va ? », la tête toujours tournée de l'autre côté.

« OUI, CE N'EST RIEN, C'EST VOTRE VEINE QUI A ÉCLATÉ. ON VA PRENDRE L'AUTRE BRAS. »

**Je suis soulagée** et je déteste Youpi-Gonzalez. Mon bras ressemble à une rosace violacée.

**Heureusement, j'ai des visites.** J'attends les venues de l'HommeDeMaVie avec impatience. Avec la fatigue et la fièvre, nos conversations prennent une dimension particulière. On discute de sa journée, de la mienne, il me raconte des anecdotes… « Vanessa, tu savais que quand la perfusion est vide, si quelqu'un appuie sur le sac d'un coup sec, l'air remonte dans les veines et boum, tu meurs ? »

Mon cerveau ramolli traite les informations comme il peut. Il retient :

perfusion vide = mourir.

**Il part.** Il me dit qu'il ne pourra peut-être pas venir ce soir, je le supplie, me laisse pas toute seule là-dedans, à part sainte Mélanie les gens sont trop bizarres.

**En attendant,** je reste avec cette histoire de sac mortel. Ma voisine en fauteuil est partie faire des examens je ne sais où. Je scrute ma perfusion dont le niveau diminue, et je m'endors, je ne sais pas combien de temps. Quand je me réveille, le sac est presque vide. Panique. Je bipe Youpi-le-camé plusieurs fois d'affilée. Bip bip bip bip bip biiiiiip, viiiiite ! Le liquide baisse dangereusement. Je respire, je dois rester calme pour ma survie, ça va aller, Youpi-man va arriver, en courant, sous amphétamines comme d'hab, tout va bien. Personne. Le sac est pratiquement vide. Je regarde mon bras, l'aiguille, le sac, mon téléphone… Oui, je vais appeler l'HommeDeMaVie ! Non, c'est débile, le temps qu'il arrive je serai morte. Je bipe encore et encore, je m'entends appeler, à l'agonie, « Au secouuuuurs ! » comme le petit vieux du bout du couloir. Je vais mourir. Je vais mourir et tout le monde s'en fout. Je vais crever comme une conne, comme ça, dans un hôpital de merde, avec un putain d'infirmier sous crack qui va me retrouver inanimée sur mon lit… merde c'est stupide comme mort ! Dans un dernier sursaut de vie, d'espoir, je me redresse, fébrile, saisis d'un bras mou et tremblant le sac de la perfusion, tourne la molette à fond pour la refermer. Je reste en suspens... je crois que je suis toujours en vie. C'est bon ? C'est bon ! J'ai réussi ! Je suis en vie !

**Je retombe sur le dos, épuisée, soulagée.** J'ai bloqué l'air. J'ai bloqué l'air ! Je me suis sauvée ! Je suis trop forte ! Je me suis sauvée toute seule ! Je respire… De gros sanglots bruyants explosent d'un coup de ma gorge. **Je suis en vie !**

**Dix minutes plus tard,** saint Youpi-l'ecstasy arrive enfin. Tranquillement, comble de l'ironie. Je lui raconte d'un trait, fière et soulagée : « Le sac était vide ! Vous vous rendez compte !? Heureusement je l'ai refermé toute seule ! Tout va bien, je suis toujours vivante. »

Il me regarde d'un air interdit, puis trifouille la molette de la perfusion en riant : « Ah ah, mais non, c'est ouvert à fond là ! Je vais vous remettre un sac plein. »

Et il ressort d'un bond.

**C'était ouvert à fond.** Il n'avait pas l'air affolé. Je ne suis pas morte. Je ne comprends plus rien. Si, je comprends : je suis devenue folle. Complètement tarée. Je yoyotte de la touffe complet. Je me fais le serment de ne jamais raconter cet épisode à personne. (Surtout pas dans un livre, où tout le monde pourrait le lire et le relire.)

**En fin de journée,** Dieu me fait l'honneur d'une apparition.

« Madame Kayo, je suis inquiet pour vous, vous résistez à tous les antibiotiques. Je n'en dors pas la nuit. »

Je lui réponds : « Pas facile si vous ne dormez pas à cause de moi, docteur », et je compatis.

**Le lendemain,** saint Ambulancier vient me chercher pour passer un scanner, histoire de voir si mes reins ne sont pas trop touchés. C'est la première fois que je monte dans une voiture avec un gyrophare. Pendant le trajet, l'ambulancier me parle. De lui, de ses quatre enfants, de sa femme malade, la pauvre on doit lui coudre les yeux (enfin c'est que je comprends avec mon nouveau cerveau hallucinogéné, peut-être qu'en fait elle avait juste une conjonctivite), c'est dur car il l'aime comme un fou, il l'aime tellement, c'est si dur de la voir comme ça. Il pleure à côté de moi. Je compatis. Puis il me raconte son régime, il veut maigrir, il n'a même pas le droit aux carottes râpées, parce qu'il y a du sucre dedans. Je compatis, c'est bon les carottes râpées (à l'huile d'olive-citron-gingembre, au vinaigre bof).

Mes reins sont touchés à 20 %, ça n'a pas l'air très grave, le médecin trouve enfin les antibiotiques miracles, il dort enfin la nuit, il me dit de bien penser à uriner après avoir fait l'amour et de boire beaucoup d'eau, je vais voir sainte Mélanie, je la remercie pour sa douceur, j'évite saint Cocaïnomane, et je rentre chez moi, soulagée de pouvoir arrêter de compatir.

**J'ai perdu quatre kilos,** je me dis « Cool ! », je me regarde dans le miroir, mes fesses sont petites, cool ! De profil… et plates, pas cool. Mes grosses fesses rebondies me manquent, finalement. Quand elles reviendront, je jure que je ne me plaindrai plus jamais d'elles et de leur cellulite.

# 3 avril : Théâtreuse, épisode 2

**Pour le spectacle de fin d'année,** je vais jouer un jeune rappeur des années 90. Les profs nous ont fait bosser la construction du personnage. Je lui ai trouvé un survêtement blanc, une casquette blanche, un tee-shirt de foot, une façon de parler, de marcher. J'ai même récupéré une grosse radio de l'époque, à mettre sur l'épaule, comme dans *Le Prince de Bel-Air.* On rit comme des dingues aux répétitions parce que je fais l'imbécile. Dans mon cours, il y a cette fille, Manon, que tout le monde trouve géniale, et ça m'énerve un peu pour être honnête. C'est vrai qu'elle est très douée. J'aimerais être la meilleure. J'ai envie. Envie d'aller plus loin. Je sens que c'est mon truc. Je rêve d'en faire mon métier, de jouer dans des comédies. Ça serait dingue. C'est un rêve trop gros, c'est bon, je le sais bien. Je n'ai aucun contact dans le métier, aucune idée de comment y arriver, peur de ne pas être à la hauteur, peur d'être mauvaise, et surtout, c'est trop tard. J'ai 27 ans dans deux jours. Admettons que je fasse une école de théâtre « pro » d'ici un an, j'aurai 31 ans le temps de finir ; le temps que je galère un peu, comme tout le monde, j'aurai minimum 35 ans ; j'imagine que si je veux un enfant avec l'HommeDeMaVie ça sera le moment, bref, à ce rythme-là, à 65 ans, je joue dans ma première pièce. Super.

**J'ai beau me convaincre que ce n'est pas possible,** j'ai envie quand même. Cette lutte intérieure est épuisante. J'ai envie, j'ai peur, j'ai envie, je flippe, j'ai envie, j'ai la trouille, je veux, non, si, non, si, non, si, je vais prendre des cours « pro », j'ai peur.

**J'en parle à mes profs.** Ils me mettent en garde. La vie de comédien, c'est dur, il faut courir les castings, on ne les a jamais. Je me dis qu'ils ne me trouvent probablement pas assez bonne. Après tout, j'ai une vie tranquille de prof et un mec génial, ce n'est déjà pas mal, peut-être que j'en demande trop.

## 1er Juin : Théâtreuse, épisode 3

**J'ai regardé sur Internet, le Cours Florent, c'est neuf heures par semaine.** Trois fois trois heures. J'ai tellement envie de tenter. Mais ce n'est pas compatible avec mon boulot. En plus l'HommeDeMaVie ne veut pas faire sa vie à Paris, il veut déménager vers La Rochelle. À court d'idées pour fuir mes envies de théâtre, j'ai regardé les conditions pour partir enseigner à l'étranger dans un lycée français. Peut-être qu'une fois sur place je pourrais essayer d'être comédienne. Je me dis que ça serait plus facile hors de mon pays. Étudiante, j'avais passé un an à Cork, en Irlande, et là-bas j'étais beaucoup plus culottée. Je me disais « Si je fais une bourde, les gens se diront « *It's because she's french…* ». À l'époque je voulais être journaliste (oui j'étais dans le déni), je suis donc allée tout naturellement dans les rédactions de tous les journaux-radio-télé de Cork, pour leur demander un stage. Ce que je n'aurais jamais fait en France. L'un d'eux m'a dit « OK, écris un article sur ton expérience en Irlande, et s'il est bon, on le publiera ». D'abord, j'ai été scotchée qu'il me donne une chance. Ensuite, je l'ai écrit (corrigé, réécrit, re-réécrit), puis je l'ai rendu. Le rédacteur en chef, assis sur son fauteuil à roulettes derrière son bureau dans l'open space, a lu mon texte en silence, pendant que j'attendais sans vie sur la chaise en face de lui. Puis il a levé les yeux : « *It's very good !* »

*What ? Very good ?* OK, il se fout ouvertement de ma gueule. *Very good*, n'importe quoi. « *Very good* », là, comme ça, tout de suite ? Normalement les gens disent « Ouais, c'est pas mal », ou « C'est bien », pas « C'est *very good* ». Il veut juste se débarrasser de moi, il ne me publiera jamais. Je suis tellement naïve, c'est exaspérant, je me suis encore fait avoir.

J'ai été publiée.

Il était sincère.

Ce jour-là, je me suis dit que j'avais peut-être du mal à faire confiance aux autres, et à moi surtout.

# Septembre : Prof à l'hôpital

**Cette rentrée,** j'ai été mutée dans un centre de rééducation pour des collégiens handicapés qui viennent de subir une opération. J'ai atterri là par hasard. Je ne suis pas du tout formée pour ce genre de situations. Je pose des questions à la direction, je vais voir les infirmiers… je suis obligée d'être prête en deux jours.

**J'ai entre un et sept élèves par niveau,** c'est donc très reposant. Ils viennent en cours allongés sur leur lit, dans un corset, en fauteuil roulant, en béquilles. Au début c'est étrange, mais très vite, ils m'ont montré qu'ils étaient juste des ados classiques : attachants et chiants.

**J'aime beaucoup Bastien,** en classe de quatrième, tétraplégique suite à un accident de piscine, intelligent, sportif, très drôle. Après des semaines d'approche, il a réussi à sortir avec Mathilde, une troisième, et je n'ai pas pu m'empêcher de lui glisser un « bien joué » discret, auquel il a répondu par un grand sourire. Il a un sens de l'humour très développé, qui met les gens à l'aise et change certains regards parfois trop compatissants. J'admire sa force de caractère.

**Mélissa,** en sixième, lutte à sa manière en étant désagréable avec tout le monde. En classe, de son lit, elle lance à ses camarades, d'un air ultramé-prisant : « Mais qu'ils sont bêtes ! » Et après râle de ne pas avoir de copains.

**Achille,** en troisième, rebelle, insolent. Virer de cours un ado en béquilles qui met trois heures à sortir, faut assumer. Il a été tellement rassuré que je le considère comme un élève « normal », qu'après ça s'est passé comme sur des roulettes (bon, peut-être que l'expression est mal choisie, là).

**Céli,** en sixième, sourire de travers. Elle bave de temps en temps, mais ne s'en rend pas compte. Je l'avertis : « Céli, tu baves. » Elle rigole et répond : « Ah ! Merci, madame ! » Je la trouve super. Super touchante, super intelligente, super humaine. Elle m'a confié qu'elle était tombée amoureuse d'un garçon, que sa copine était allée demander pour elle s'il voulait être son amoureux. Mignon. Il a répondu : « Nan, les handicapées c'est pas trop mon truc. » Pas mignon.

**Mon cœur s'est fendu en deux pour elle.** « Que veux-tu Céli, y a des gens, ils sont bêtes à pleurer. »

Elle a éclaté de rire.

« Oh madame, c'est tellement drôle « bêtes à pleurer », je m'en souviendrai ! »

Ben moi aussi je m'en souviendrai de toi, Céli. Du fait qu'assurément, tu as déjà décidé que dans la vie, tu serais heureuse.

**J'apprends beaucoup de ces élèves,** plus mûrs que bien des adultes. Et égoïstement j'ai aussi profité du fait de n'avoir que trois-quatre copies par classe à corriger et un emploi du temps de rêve* pour m'inscrire… au Cours Florent !

* *Bon, il a fallu négocier sec avec le prof de maths, enterré dans son petit confort depuis quinze ans, qui ne voulait pas me libérer le jeudi après-midi parce qu'il « jardine » (trop fort le mec, encore mieux que « j'ai piscine »).*

Je commence la semaine prochaine. Je suis tellement excitée. Tellement excitée.

# Novembre : Le Cours Florent

**Deux mois de cours sont déjà passés,** et j'ai passé ma première audition-évaluation !

**On avait carte blanche,** la seule contrainte était de ne pas parler français. J'ai écrit et joué un sketch en anglais, un truc un peu barré d'une prof très stricte qui finit par se battre en duel avec l'un de ses élèves. Le jour J, j'étais aussi angoissée que mon père quand il voit mon fils remettre du sel sur sa tranche de saumon fumé. J'ai joué, concentrée... j'étais « dedans », comme on dit. Quand j'ai eu fini, la directrice du bureau des castings, qui filmait, m'a demandé : « Tu as déjà fait du théâtre, non ? » J'ai hoché la tête. Je me suis dit qu'*a priori* ça s'était donc plutôt bien passé.

**Le jour de la projection des vidéos en cours,** devant toute la classe, j'étais absente. Quand je suis arrivée au cours suivant, les copains m'ont accueillie avec un : « La vache, qu'est-ce qu'on a ri avec ton sketch, c'était génial ! »

Ah bon ? Ils ont ri ?

Bonheur.

Joie.

**Je n'en revenais pas.** Le prof ajoute : « C'était super. Tu devrais écrire un one-woman-show. » J'ai éclaté de rire. N'importe quoi ! Mais il avait l'air de le penser vraiment.

**Quand on a eu passé toutes les épreuves,** on s'est tous retrouvés dans le hall pour les résultats. François Florent, le *big boss*, est arrivé et m'a fait signe avec son doigt de le suivre dans son bureau. Je me suis dit « Merde, il y a un problème, je vais me faire virer ».

Positive attitude

**Je me suis assise sur le fauteuil en simili cuir noir.** Il était en face de moi. Au vu de mon sketch... des autres épreuves... (à chaque mot, je hochais la tête comme les petits chiens articulés à l'arrière des voitures)... j'allais passer en deuxième année directement. Dès la semaine suivante.

Quoi ?... Pardon, comment ? C'est possible, ça ? Mais… je me fais pas virer ? Je passe en deuxième année ? Comme ça, au mois de novembre ?! Ben… merci. Merci beaucoup. Au revoir.

**Je suis ressortie, hébétée,** et j'ai lancé à mes camarades : « Salut les nazes, moi je me casse ! »

**Non, évidemment.** J'étais à la fois gênée, (comme quand tu as une bonne note à un contrôle alors que tout le monde s'est planté), et totalement surexcitée, mais que tu ne dois pas trop le montrer pour ne pas être indélicate (et passer pour une grosse connasse). Dans ces cas-là, j'adopte une attitude excessivement humble (ce qui est finalement prétentieux, puisque je montre avec ce comportement que ce que j'ai réussi à faire était exceptionnel. Sinon je dirais simplement « Oui, j'ai réussi ». Donc, en somme, je me la pète, mais sans en avoir l'air).

— Il voulait quoi ?

— Euh… des trucs administratifs, et euh… peut-être que je vais passer en deuxième année… mais ça veut pas dire que je suis bonne hein, c'est que j'ai déjà fait du théâtre avant et tout… et mes profs étaient bons, donc euh... voilà quoi.

« voilà quoi », l'expression pratique quand tu ne sais plus quoi dire et que tu n'as pas très envie de creuser la conversation.

**Je suis repartie,** portée par mon petit nuage de joie, jusqu'à la gare du Nord, et dans le train j'ai pu laisser exploser mon allégresse extatique (ou mon extase allègre, mais ça sonne moins bien). Un sourire niais collé sur le visage, je regardais défiler le paysage, dans une joie intérieure hystérique. C'était dingue ! S'il me faisait passer en deuxième année, c'est que je n'étais pas nulle, alors ? C'est cool. C'est cool, c'est cool, c'est cool, c'est cool, c'est cool ! En plus je vais économiser une année complète de cours. Et surtout, il trouve que je ne suis pas mauvaise. Je ne me suis pas trompée. Le théâtre, c'est pour moi. C'est pour moi !

**Sur le siège de mon TER,** au milieu des gens qui dorment, lisent, envoient des SMS sur leur Nokia 3310, je suis la reine du monde.

# Décembre : Le Cours Florent, épisode 2

**Je suis la reine des bouses.** Dans mon groupe de deuxième année, je suis à la ramasse. Heureusement, mon prof m'a un peu rassurée. Pendant un cours, il m'a dit que j'avais la *vis comica* et que je trouverais forcément du travail dans des pièces comiques. Je n'en reviens pas. J'ai du mal à croire qu'on puisse être sûr que je vais trouver des rôles.

**J'ai recroisé plusieurs fois** la directrice du bureau des castings. Elle m'a dit à chaque fois de venir m'inscrire pour qu'elle puisse me proposer des castings.

**Je n'arrive pas à y aller.** Je n'arrive pas à me dire que je suis prête, capable, que je vais intéresser des gens. Pourquoi je serais choisie, moi ?

# Mai : Le Cours Florent épisode 3

**Depuis cinq semaines,** un réalisateur nous donne des cours de jeu « face caméra ». Premier essai : sublime. J'ai été sublime.

**Je devais jouer la peur.** J'ai joué. Trop. Trop de grimaces, d'yeux qui roulent, de langue qui sort inopinément. Quand j'ai visionné ma prestation *a posteriori*, j'ai eu un fou rire inextinguible : on aurait dit une parodie de film d'horreur. Une catastrophe. Mais j'ai appris : face à la caméra, il faut jouer très « intérieur », car elle grossit tout (y compris toi, tu prends trois kilos).

**Avec le prof-réal, on a rejoué des scènes de films.** C'était plus difficile que je ne le pensais. Il faut être présente, à l'écoute de ton partenaire, penser à te mettre à tel endroit pour être bien dans le « champ », tourner ta tête un peu plus à droite quand tu prononces tel mot… penser à tout ceci, mais sans intellectualiser.

« Voilà Vanessa, tu y penses sans y penser. Allez, ça tourne… action ! »

**Certaines filles sont en séduction** ouverte avec le réalisateur, ce qui me met très mal à l'aise. Ce qui me met encore plus mal à l'aise, c'est qu'il a l'air d'aimer ça, toutes ces petites nanas qui cherchent à le séduire, et il entre dans leur jeu (alors qu'il est franchement vieux et laid). Je trouve ça dégradant, des deux côtés.

**J'ai décidé de ne pas faire la troisième année,** et d'aller dans une école de sketchs. Puisque dès que j'écris un truc, c'est un sketch... Je n'ai pas été voir la directrice de casting. C'est nul, je sais. Je ne sais pas pourquoi. C'est trop tard, l'année est terminée.

# Janvier : Je veux un bébéééé

**En ce moment,** je fais un remplacement de quatre mois dans un lycée général. Je bosse comme une dingue. J'ai une classe de première, bac de français en juin. Je l'appelle « le lycée de l'amour », car les élèves se roulent des pelles dans tous les coins. Je traverse la cour, des couples s'embrassent, dans le couloir, je pousse la grosse porte coupe-feu, un couple est enlacé derrière, j'ouvre la porte de ma salle, les élèves entrent, sauf Laura qui, sous mon nez, met sa langue dans la bouche de sa copine. C'était provoc, mais j'ai juste lâché mollement « Allez Laura, en cours » parce que c'était deux filles et que j'ai trouvé ça chouette qu'elles s'affichent en public. J'aurais peut-être dû les engueuler comme n'importe quel autre couple, mais je crois que c'est trop tôt.

Je ne sais pas si c'est l'influence de cette ambiance *love to love*, mais la semaine dernière, alors que je marchais dans la rue, soudain s'est imposée brutalement dans mon esprit une idée, enfin plutôt une envie, une évidence, une révélation :

**Je veux un enfant.** MAINTENANT.

**Tout de suite.** D'un coup, comme ça. Je n'étais pas prête la veille, mais ce jour-là, si.

**Depuis,** dès que je vois un bébé en photo dans un magazine, je pleure, dans une poussette dans la rue, je pleure, à la télévision, je pleure. Je vois des femmes enceintes partout, évidemment (la base). L'odeur de l'Homme-DeMaVie est devenue un appel au bébé. Tout de suite. Tout le temps. Sur le lit, sur le canapé, sur la table de la cuisine, sur la machine à laver, dans les escaliers (bof), sur la moquette.

# 21 septembre :
# Test positif !!!

Joie

Joie

Joie

Joie

Joie

Joie.

Joie

Joie

Joie

Joie

Joie

Joie

Joie

# 1er Juin : L'accouchement, cette sinécure

(IRONIE)

**J'ai adoré être enceinte.** Je me suis enfin autorisée à être sexy, comme si mon ventre rond me protégeait des regards concupiscents. J'ai adoré sentir bouger le bébé, j'ai adoré être chouchoutée par les gens autour de moi, j'ai tout adoré ! (bon, sauf les nausées du premier trimestre, les fourmillements dans les jambes, les envies irrépressibles de feuilles de vigne – j'en ai tellement mangé que depuis je ne peux plus en voir une).

**Je suis avec Paula au cinéma.** En plein milieu du film, contractions. Je dis à Paula, « je crois que je commence à accoucher ». On regarde quand même la fin du film.

**Ma mère m'avait avertie :** « Les contractions, c'est comme de grosses douleurs de règles. » C'est ça, j'ai des douleurs de règles. J'y suis, ça y est ! Il est 18 heures. Le bébé va naître aujourd'hui !

**Paula repart chez elle,** je m'installe dans mon salon et compte la fréquence des contractions. Vers 21 heures, je dis à l'HommeDeMaVie qu'il est temps d'aller à la maternité, je n'ai pas envie d'accoucher à la maison. Il m'y emmène, on regarde mon col, on sourit, « Revenez demain ».

**Nous repartons.** L'HommeDeMaVie va se coucher, je reste sur le tapis beige à bouclettes du salon. Ce sont de grosses grosses douleurs de règles là quand même. Au milieu de la nuit, je ne suis plus du tout dans la douleur de règles. Non, les règles, à côté, c'est un séjour d'une semaine sur un transat, les pieds dans l'eau, Spritz frais à la main et masseur canon dans le dos. Je tente de prendre un bain, j'ai trop mal, je me sèche, je passe mon temps à quatre pattes, à respirer, à me mettre sur mon gros ballon, à essayer de trouver la position pour avoir le moins mal possible (c'est un échec). À 9 heures du matin, fatiguée par ma nuit blanche, je réveille le futur papa, c'est bon j'ai bien attendu, les contractions sont comme il faut, il est temps d'aller à la maternité.

**Le trajet est un supplice,** je déteste les dos-d'âne, les virages, les stops, les ronds-points.

**À la maternité, je suis admise !** Youpi ! Il est 9 h 30, je vais accoucher bientôt ! La sage-femme, Patricia, cheveux bruns, courts, la cinquantaine, air pincé, me pose dans une salle avec l'HommeDeMaVie. Il y a un lit, un ballon, et nous. Pour vérifier l'état de mon col de l'utérus, elle vient et me demande de venir dans son bureau, au bout du couloir. Comme j'ai mal, je m'y traîne en plusieurs étapes, pliée en deux. Elle me dispose sur un fauteuil électrique, actionne un bouton, je bascule en arrière. La tête en bas, les pieds et le vagin en l'air. Très pratique pour elle, mais je ne comprends pas trop la logique de me mettre à l'envers alors que mon bébé est censé descendre. Je me dis qu'on ne l'aide pas tellement, là. Et c'est aussi agréable qu'un séjour dans un transat en laine qui pique, un verre de foie de morue à la main et une vieille masseuse aux ongles longs et sales qui hurle dans ton oreille « JE MASSE ASSEZ FORT ? » dans un souffle fétide. Le verdict tombe comme un couteau bien aiguisé :

— Vous n'êtes pas dilatée. Le travail n'a pas encore commencé. Vous êtes en pré-travail.

— « Pré-travail », ça existe ça ? Ça veut dire que tout ce que je viens d'endurer là, ce n'est RIEN ?

**Je me retraîne dans ma salle.** L'étymologie du mot « travail » (du latin *tripalium,* instrument de torture à trois pieux), me saute au ventre. Pré-travail ! On m'avait dit : « Tu vas avoir un peu mal, et après hop, péridurale ! » J'avais retenu toutes les histoires d'accouchements idylliques, de copines qui sentent à peine les contractions et accouchent en trois heures, trajet compris.

**Je me mets sur mon ballon,** sur mon lit, debout, à quatre pattes, sur mon ballon, allongée sur le côté, à quatre pattes.... Les « vraies » contractions arrivent, et là, une douleur, nouvelle, inconnue, fait son apparition. La douleur que tu ne savais pas qu'elle existait. Les cours de préparation à l'accouchement me font l'effet d'une vaste supercherie, les massages, le ballon, les granules d'homéopathie me font doucement rigoler (en fait je ne ris plus du tout), j'entrevois dans un brouillard de douleur la sage-femme qui me dit qu'accoucher accroupie comme je l'ai suggéré, c'est nul, qu'allongée c'est mieux, et que pour l'épisiotomie ce n'était pas à moi de décider. Je dis « oui oui » pour être tranquille, j'ai trop mal. Elle me demande de retourner dans son bureau sur sa chaise à bascule, je dis « oui oui », je mets une éternité à traverser le couloir, à quatre pattes, pour rejoindre son instrument de torture, hurlant à chaque contraction. Pour ne pas perdre le contrôle, je vocalise très fort, je lance des « ahhhh » profonds et gutturaux et je perçois dans mon espace embué et hors du temps le regard d'un homme, pas le mien, qui doit se demander qui est cette folle en chemise de nuit qui rampe par terre en chantant.

**Le mien,** il m'attend devant la porte de la sage-femme qui est une grosse connasse (c'est désormais un fait avéré). Chaise électrique. Bouton, tête à l'envers. Dilatation : deux centimètres.

Deux sur dix.

**C'est NUL.** Je n'avance pas. Il est je ne sais pas quelle heure, je repars, en rampant, vers ma salle de femme inefficace qui ne dilate pas, et je erre sur mon ballon avec ma douleur impossible. Au bout d'un temps certain, l'HommeDeMaVie veut aller boire un café et manger une barre de céréales, je le supplie de rester, c'est trop dégueulasse d'aller bouffer pendant que moi je souffre, je lui dis que jamais on n'en fera un autre, que le deuxième on l'adoptera ou alors que c'est lui qui accouchera. Connassa la sage-femme vient me faire une piqûre de morphine, et je l'aime. Sur mon ballon, je plane complètement, j'adore la morphine, c'est beaucoup mieux que l'homéopathie. C'est là que l'HommeDeMaVie a dû en profiter pour s'éclipser acheter sa barre de céréales et son café, parce que quand je redescends de mon trip, il mange. Après, c'est flou. Je sais que j'ai eu droit à ma péridurale. Connassa, égale à elle-même, ne m'a été d'aucun soutien. J'étais assise sur le lit, attendant avec ferveur l'anesthésiste qui était devenu le messie. Quand il est entré – je l'ai aimé tout de suite –, il a sorti son aiguille de cinquante centimètres (que j'ai adorée tout de suite) : « Allez-y piquez-moi vite, youpi ! »

**Connassa, plantée devant moi, ne faisait rien.** Je lui ai demandé de me tenir les bras pendant la piqûre pour prévenir tout mouvement pendant une éventuelle contraction. Elle n'a pas bougé. Je lui ai répété, en hurlant. Elle a bougé. Après, bonheur :

**Connassa m'annonce qu'elle quitte son service.** Elle se BARRE ! *YES !*

**Sa remplaçante arrive,** nous dit « Bonsoir » en appuyant délicatement sur l'interrupteur, et comme par magie la grosse lumière aveuglante fait place à une douce lueur tamisée. Je comprends immédiatement que tout va être différent. Que le cauchemar est fini. Elle a lu mon projet de naissance, j'accoucherai comme je le voulais. Au bout d'une heure et demie, le bébé est prêt à arriver, il faudrait juste qu'elle puisse percer la poche des eaux avec une petite pointe, elle me demande si je suis d'accord. Je suis d'accord, j'accouche, accroupie, accrochée à une barre, en dix minutes. Elle m'encourage, me dit que je me débrouille très bien, que je suis super forte. J'ai l'impression d'être Wonder Woman. Le bébé arrive, sa tête et ses bras sont dehors, je suis assise, elle me demande si je veux finir de sortir mon enfant moi-même, je réponds « D'accord, mais j'ai peur qu'il glisse, tenez-le au cas où… », je le fais, et je suis fière de moi, fière d'être aussi forte. Il est calme, il respire, ne pleure pas, il est posé sur mon ventre, je ne sais même pas si c'est un garçon ou une fille. C'est un garçon. Son père dit « Il est beau, il est beau » derrière mon épaule. Il pleure. Je le trouve aussi extrêmement beau. On m'avait tellement dit que je pouvais le trouver laid à la naissance que je suis étonnée. Je ne pleure pas, je ne suis pas émue, je suis au-delà de tout ça, totalement dépassée par ce qui arrive. Un autre être, vivant, vient de sortir de mon corps. C'est étrange, bizarre, magique, complètement, totalement et mystérieusement transcendant.

**Il sent extraordinairement bon.** Une odeur nouvelle et inconnue, indescriptible. Délicieuse.

**Il est extraordinairement beau.** Je suis presque gênée quand je vois les bébés des autres mamans, tellement le mien est beau. Je me dis qu'elles doivent évidemment s'en rendre compte, et j'adopte une attitude humble, pour ne pas avoir l'air d'être prétentieuse avec mon enfant magnifique.

**Je dors,** peu, on me réveille au petit matin pour le laver, je n'ose pas dire non, il sent si bon, je veux qu'il garde cette odeur, car je sens qu'elle va partir, cette odeur unique, du mystère, de l'intérieur, de tout ce voyage qu'on a parcouru ensemble. On va au bain, je ne le quitte plus, c'est hors de question que je le quitte des yeux une seconde.

**Je suis épuisée,** j'enchaîne deux nuits blanches, et une troisième parce qu'il pleure tout le temps, donc je vais dans le couloir pour ne pas réveiller ma voisine de chambre car son bébé à elle dort (mais il est beaucoup moins beau).

**Je pleure beaucoup.** Le soi-disant *baby blues.* Forcément, après trois nuits blanches et un accouchement, n'importe qui chialerait toute la journée.

**La montée de lait,** je la passe à pleurer au-dessus du lavabo et sur mon lit avec des feuilles de chou froides (ça soulage, mais j'ai fini par faire une allergie avec les vapeurs du chou), toute la famille de ma voisine de chambre voit mes seins en passant, de toute façon ils sont tellement énormes qu'ils ne m'appartiennent plus. Mais tout va bien, il tète bien, il est formidable, j'ai du lait pour tout le quartier, on sort de la maternité au bout de quatre jours, la lumière du soleil me fait mal aux yeux tellement je suis épuisée, et on rentre à la maison, à trois. Où je peux enfin me reposer, pas de bruit, pas de voisine de chambre, pas de réveil à l'aube pour prendre un bain. Juste un réveil toutes les trois heures jour et nuit pour le nourrir.

# Pour la récupération du sommeil, ça sera...

# Mai : Purée maison, alcool, mes seins

**Mon fils a bientôt 2 ans.** Deux ans, déjà. Deux ans que je travaille à mi-temps pour m'occuper de lui (je viens juste d'arrêter de l'allaiter, je rebois de l'alcool, je suis saoule au bout de deux gorgées). Je l'aime au-delà de l'entendement. Mais je commence à étouffer. C'est épuisant d'être parent. De devoir être tout le temps sur le qui-vive pour le surveiller (il court partout). Entre le boulot et lui, j'ai dû mettre entre parenthèses le théâtre. Comme ça me manquait beaucoup, j'ai écrit une pièce en attendant, un truc complètement délirant qui parle de vagins.

**Avec l'HommeDeMaVie,** on a du mal à se « retrouver » comme on dit, on oublie un peu notre couple, on passe notre temps libre à dormir ou devant des séries. La fatigue prend le pas sur l'envie de sortir. Il faudrait qu'on se « force », qu'on boive des apéros, qu'on aille au cinéma. Mais l'idée de laisser mon petit est difficile. Pourtant j'ai envie de m'habiller autrement qu'avec des tee-shirts tachés de purée maison bio (ou en petits pots, d'accord – j'essayais juste de faire la mère parfaite, mais seule Caro y parvient, avec ses ongles nickel et ses tenues immaculément classe).

**Je lui ai déjà dit qu'on s'encroûtait,** qu'on devrait se bouger. Et évidemment ma libido s'est barrée en douce. Depuis mon accouchement, mon corps a changé. Surtout mes seins ! Les traîtres. Ils ont perdu deux tailles et ils sont mous. J'ai eu envie de les faire refaire parce que ça me déprimait. À la place, j'ai fait quelques séances de psy, et ils ont fini par redevenir plus fermes avec le temps (ou alors je me suis habituée). Et risquer de mourir pendant l'opération… La tête de mon fils, à qui on dirait : « Désolé mon petit, ta mère est morte en se faisant poser des seins en plastique. Oui, l'important, dans la vie, c'est d'avoir de gros seins fermes. »

**Message posthume discutable.**

**J'ai gardé mes petits seins mous.** Et quand je me plains (j'adore me plaindre), mes copines aux gros seins me disent : « T'as de la chance ils tiennent au moins, moi ils tombent. » Heureusement, sinon il n'y aurait pas de justice (que personne ne me donne le nom d'Emily Ratajkowski en contre-exemple, merci. Son nom est impossible à écrire et je refuse de prendre le temps de vérifier la bonne orthographe sur Internet, sinon je vais encore tomber sur ses photos. Pour celles qui ne connaissent pas, c'est une *It-girl* aux seins gros et parfaits. N'allez PAS voir surtout).

## CONSEIL AUX FEMMES :

après une grossesse et un allaitement, NE PAS se pencher devant un miroir et regarder ses seins.

## CONSEIL AUX HOMMES :

dire à votre femme qu'elle est encore plus belle qu'avant, que ses seins sont sublimes, que vous la préférez maintenant (on s'en fout si vous le pensez ou pas, MENTEZ, pour la survie de votre couple).

**On s'entend bien avec l'HommeDeMaVie.** On vient d'acheter un Scénic. Un labrador, et je crois qu'on sera au top.

# Mars : Premier sketch ! (avant)

**Je vais jouer mon premier sketch en public.** Dans trois semaines. Trois se-mai-nes. Trois SE-MAI-NES. Comment c'est arrivé ? Je t'explique :

**J'ai repris le théâtre en octobre.** Grosse bouffée d'oxygène ! Je respire à nouveau... écrire, jouer, créer... Mon cerveau a repris du service. Je me suis inscrite dans une école d'humour, de « one-woman-show ».

**Mon groupe** est composé de personnes archimotivées, qui écrivent de nouveaux sketchs toutes les semaines. J'en ai écrit un sur les gynécologues (tiré de ma pièce sur le vagin), un sur ma vie de prof, et un sur mon ancien job d'été de sauveteuse en mer. Et j'en ai commencé un autre sur mon grand-père.

**Un copain de cours,** Bastien, m'a convaincue de m'inscrire à une « scène ouverte », le Chinchman Comedy Club, pour tester mon sketch avec un vrai public. Enfin quand je dis convaincue… j'ai reçu ce SMS lundi dernier :

> C'est bon t'es inscrite !
> Tu passes le lundi 10 avril.

> QUOI ??!! 💀
> T'es taré, je suis pas prête !!!

> Mais si t'es archiprête.
> Tu me remercieras le 10 avril.

**C'est dans trois semaines.** Trois SEMAINES. Pas des mois, pas des années, des SEMAINES.

**Dans vingt et un jours,** je vais jouer mon sketch devant un vrai public. Des vrais gens. Toute seule, devant une salle entière. Boule immédiate au sternum. Je vais faire le sketch sur la prof. Ou les sauveteurs ? Non, la prof. Les sauveteurs en même temps, c'est pas mal… Non, la prof. Putain de merde, pourquoi j'ai dit oui… je ne suis pas prête ! Je dois le travailler encore.

**Hier,** je l'ai annoncé à mes collègues à la cantine (je suis en poste fixe dans un collège maintenant), entre deux cuillerées de macédoine de légumes dégueulasse : « Je joue mon premier sketch en public dans trois semaines. » Je l'ai aussi annoncé à Caro, Paula, Marie, ma mère, mon père, la boulangère.

**Je répète mon texte dans la voiture,** en prenant ma douche, en préparant à manger, en faisant les courses (en passant pour une folle qui parle toute seule), je le joue dans la chambre de mon fils (plus spacieuse). Il s'installe dans son petit fauteuil en mousse et me regarde. Et il rit (c'est le plus mignon).

# Avril : Premier sketch ! (après)

**Le Chinchman,** c'est un endroit où les artistes peuvent venir tester un sketch, une chanson, un tour de magie… en cinq minutes. Au-delà, la patronne des lieux, Françoise Deldick, une ancienne actrice connue dans les années 60, agite sa petite cloche pour dire « c'est finiii ». J'arrive, ~~détendue~~, auréoles sous les bras, répétant mon texte en boucle, et j'aperçois Bastien, qui est un vieux de la vieille puisqu'il est déjà venu au moins cinq fois.

**Je regarde l'ordre de passage affiché au mur.** Ouf. Je ne suis pas la première. Je passe après Jules, un guitariste. Les gens commencent à s'installer, on reste au fond de la salle car les coulisses sont trop petites et « on peut voir les autres » me dit Bastien. Je n'écoute absolument pas les autres. J'articule mon texte en boucle et je respire si profondément que je vais finir par m'évanouir pour cause d'hyperventilation.

**C'est le tour de Jules.** La pression monte de trois millions de Bars. La clochette de Françoise sonne, Jules a fini. Déjà ? C'est à moi. Mais pourquoi je fais ça !!? Pourquoi je m'inflige de jouer toute seule devant ces gens ? Mon cœur tambourine contre ma poitrine comme pour me dire « Tu me fais quoi, là ? » Mes mains tremblent comme ma grand-tante Pierrette quand elle est en manque d'alcool.

**Le présentateur m'annonce.** C'est maintenant. Je répète ma première phrase, mécaniquement, je respire… j'y vais !

**Après,** je sais que j'ai joué, que j'ai entendu vaguement des rires, qu'à la fin les gens ont applaudi, que le présentateur a dit bravo, et que je suis sortie de scène, en flottant dans les airs. Ils ont ri ! Bastien m'a dit : « Alors ? Je te l'avais dit ! Merci qui ? » On a pris une photo (qui est encore affichée sur mon frigo), deux autres humoristes sont venus me parler, une fille qui organise un plateau et qui aimerait que je vienne, et un mec qui me dit que mon sketch est génial, qu'il fait partie d'un collectif d'humoristes, si je veux les rejoindre... Ils ont ri ! Sur mon nuage d'endorphines, je réponds oui à tout. Je plane. J'ai l'impression d'avoir avalé dix champignons magiques et fumé quatorze joints. Je plane pendant les jours, voire les semaines qui suivent. Ils ont ri.

# Septembre à juin : Préparer un one-woman-show

**Cet été j'ai joué pendant dix jours mes sketchs dans un plateau d'humour !** Dans un petit théâtre. Un plateau payé (enfin les gens paient l'entrée, mais nous humoristes, nous n'avons rien touché, parce qu'on est débutants) ! C'était dingue !

*Bienvenue dans le monde du spectacle.*

**Cet été,** avec l'HommeDeMaVie, on a « parlé ». « Parler », ça signifie que ton couple est « en crise » et qu'il faut « trouver une solution ».

Je lui ai dit qu'il fallait qu'on se bouge les fesses, parce qu'on s'encroûtait vraiment.

**Avant,** le soir, c'était apéro, maintenant, c'est tisane « Nuit tranquille ».

**Avant,** on faisait l'amour, maintenant, on regarde des séries.

**Avant,** on voyageait à l'étranger, maintenant on part en vacances chez nos parents.

**Avant** on s'habillait classe, maintenant on traîne en jogging et en chaussons.

Bref, il faut faire quelque chose.

**Il faut virer les chaussons.**

## Septembre :

**Rentrée des classes.**

**Je trouve une baby-sitter** et je m'inscris au même cours de natation que l'HommeDeMaVie, pour qu'on fasse un truc ensemble.

**Je m'inscris** en deuxième année de cours de sketchs, avec mon super groupe. Une fois par semaine, un après-midi, je vais sur Paris. L'objectif, c'est de jouer mon one-woman-show à la fin de l'année. Il doit faire entre une heure et une heure trente minutes. C'est parti !

### Octobre :

**Je jette mes chaussons** et je supplie l'HommeDeMaVie de se débarrasser de ses charentaises moches. Il traîne des pieds. J'écris de nouveaux sketchs.

### Novembre :

**J'ai écrit vingt minutes de spectacle.** Il n'a pas jeté ses charentaises.

### Décembre :

**Je retourne voir la psy** que j'ai vue enceinte, parce que je culpabilise de m'ennuyer dans mon couple, alors que j'ai tout pour être heureuse. Je propose un apéro à l'HommeDeMaVie. Je prends une bière, il prend un Perrier. Avec ses charentaises.

### Janvier :

**J'ai écrit trente ou trente-cinq minutes de spectacle.** Je m'entraîne dans notre appartement, mon fils me regarde, rit à toutes les blagues gestuelles. Il connaît des bouts de sketchs par cœur (c'est le plus mignon). L'HommeDeMaVie me sert de cobaye pour tester mes vannes :

– Si je dis « Ma mère, je l'adore, mais parfois j'ai envie qu'elle meure », c'est drôle ?

– Oui, c'est drôle.

– Et si je dis « Ma mère, je l'adore, mais parfois, comme tout le monde, j'ai envie qu'elle meure », c'est encore plus drôle ?

– C'est pareil.

– Non, j'ai ajouté « comme tout le monde ».

– Je sais pas, oui, c'est mieux, ça adoucit.

– C'est trop violent ?

– Non, c'est marrant, c'est de l'humour.

– T'es sûr ?

– On mange quoi ce soir au fait ? Je mangerais bien des fajitas.

**Je le saoule.** Je comprends, mais mon cerveau est parti pour créer une heure de blagues, impossible de l'arrêter.

## Février :

**J'ai la date de la première de mon one :** 16 juin ! Le compte à rebours a commencé. J'ai trouvé un auteur qui m'aide à trouver des vannes, Samuel. Et une metteuse en scène, Anaïs. Elle a 25 ans, elle vient du théâtre contemporain. On bosse chez elle, dans son appartement, dans le XXe.

**Je teste mes sketchs en scène ouverte,** au *Chinchman*, mais aussi au *Comic Nanas Band*, au *SoGymnase*, au théâtre *Popul'Air du Reinitas*, au théâtre *La Cible*, au *Paname*… partout où il y a un public venu pour ça.

## Mars :

**L'HommeDeMaVie me reproche d'avoir toujours la tête dans mes sketchs**. C'est vrai que ça doit être pénible de vivre avec quelqu'un qui dit, en pleine conversation : « Ah attends, je vais noter un truc ! Tu disais ? »

**Mes parents trouvent que j'ai de la chance qu'il soit d'accord que je fasse ça.** C'est vrai, mais s'il refusait, ça serait bizarre non ? Je me demande si dans la situation inverse, on dirait aussi « Il a de la chance que Vanessa accepte qu'il fasse ce qu'il aime ». Je ne sais pas. Peut-être qu'on dirait plutôt : « Vanessa, tu dois être fière de lui, non ? »

**J'aime le père de mon fils,** mais je ne peux pas renoncer à cette passion. Depuis que j'ai commencé, j'ai arrêté de faire ce cauchemar dans lequel je tombe. J'ai arrêté de tomber dans le vide la nuit parce que j'ai sauté le jour. J'accepte pour la première fois de ma vie ne pas être bonne tout de suite. Je n'ai pas envie d'abandonner à la première difficulté. J'accepte de rater, d'apprendre, de recommencer, de réussir, de rater, de recommencer… ce qui ne m'était jamais arrivé. Avant, je devais être très douée tout de suite dans un domaine, sinon j'abandonnais illico. Je ne peux pas renoncer.

**On me dit que ça va être dur,** que des gens vont vouloir profiter de moi, que la concurrence est rude... Je m'en fous. Bien sûr qu'il y aura des cons, des imposteurs, des porcs, mais il faut que j'abandonne à cause d'eux ? L'avantage de ne plus avoir 20 ans, c'est que je suis peut-être un peu moins manipulable (et surtout j'ai été élevée par ma mère, si besoin je pourrai toujours sortir : « Vous pouvez me donner votre nom, s'il vous plaît ? »).

## Avril :

**J'ai cinquante minutes de spectacle.** L'HommeDeMaVie a oublié mon anniversaire (bon, il n'est pas très anniversaire, parfois il oublie même le sien).

**Je prépare le visuel de ma première,** une photo avec mon nom en gros, la date et le lieu. Je la poste sur Facebook.

**Mai :**
J'ai une heure dix de spectacle. Je répète à fond avec Anaïs. Je suis d'une humeur ~~sereine~~, au secours, aidez-moi.

## Tout va bien.
## je suis zen zen zen zen.

**16 juin :**

**On y est.** C'est la première. La salle est pleine. Les copains sont venus, même mes vieilles copines de prépa, mes collègues, l'HommeDeMaVie. Anaïs me fait une petite séance de relaxation dans les coulisses, mais j'ai l'impression que de faire semblant d'être calme, c'est encore pire. J'entends les gens entrer, j'entends les gens parler entre eux, j'entends le régisseur faire l'annonce portable et dire « Bon spectacle », j'entends ces quelques secondes de silence atroce qui annoncent l'imminence de l'entrée en scène.

## La musique se lance.
## Moi aussi.

# Partie 2

## La vie imparfaite d'une satisfaite

(ou la vie rêvée d'une mère célibataire épanouie, mais qui en chie un peu quand même).

# La crise existentielle

**Autrement appelée crise de la trentaine,** ou quarantaine, ou cinquantaine, ou minidépression. La période où tu remets TOUTE ta vie en question : mon boulot ça ne va pas, mon mec ça ne va pas, mon fils ça ne va pas, rien ne va.

*Nota bene* : quand tu as une propension à te prendre la tête, tu n'as pas besoin d'un vrai problème pour t'en créer un (tout le monde suit ? Sinon relis la phrase, je le fais tout le temps, moi-même je ne me comprends pas toujours).

## Admettons que tu mettes tout en œuvre pour changer de boulot.

Cela va-t-il régler tous tes problèmes ?

Vas-tu nager dans un bonheur sans limite ?

Oui et non.

Oui, tu pleureras de joie et remercieras le ciel, toi et ta psy, pour avoir osé sauter le pas, et…

Non, que nenni (je vous rappelle que les vieilles expressions au charme désuet vont bientôt être complètement à la mode, parce que justement elles ne sont plus à la mode), car quand tu as un nouveau boulot épanouissant, tu te demandes :

- Si ça va marcher.
- Si ça marche, si ça va continuer à marcher.
- Si ça continue à marcher, comment ça se fait que tu mérites ça, et comment faire mieux ?

**Bref,** quand t'es reloue, t'es reloue, et tu n'as aucun problème à te trouver des sujets d'angoisse (« reloue » car le féminin l'emporte dans ce livre, je vous l'ai déjà dit. Ou pas ? Je ne sais plus... comme j'ai tendance à me répéter...).

### Idem avec les relations amoureuses :

**- Quand tu es célibataire :** « Est-ce que je vais trouver un mec ? J'en ai marre d'être seule, il me faut des câlins, du contact physique, bordel ! »

**- Quand t'as un mec :** « Est-ce que ça va marcher ? Est-ce qu'il veut juste un plan cul ou une vraie relation ? Est-ce qu'il va me rappeler ? Il pourrait m'envoyer un SMS, merde ! Est-ce qu'il va être toujours aussi relou à m'envoyer quinze SMS par jour ? »

**- Quand t'as deux mecs :** Quel stress, j'arrive pas à choisir, ils se complètent trop bien en plus. Et moralement je le vis mal.

**- Quand t'as un mec depuis un moment :** Il est chiant à laisser traîner ses affaires. Et il attend que je gère tout ! C'est simple, j'ai un gamin en plus à la maison. Je serais mieux toute seule tranquille avec mon appart, mes copines, mon boulot.

# Juin : Se séparer.

**Un an que je joue mon one-woman-show,** une fois par semaine, dans un petit théâtre, *La Cible*. J'ai eu de la chance car le patron a accepté qu'on partage les recettes (ça veut dire que je ne paye pas la location du théâtre, ça m'évite de perdre de l'argent si jamais un soir il n'y a pas beaucoup de monde).

Et inutile de dire qu'au début, tu peux jouer devant huit personnes, dont quatre copains.

### La thérapie de couple

**Avec l'HommeDeMaVie,** on a été voir une thérapeute de couple, pour « trouver une solution ». Après lui avoir exposé innocemment la situation, elle a juste lâché laconiquement : « Ah ben oui, je crois que votre couple est fini. » On est restés sans voix. Je suis ressortie, encore plus désemparée, hébétée, terriblement triste.

**Une amie m'a suggéré une autre thérapeute de couple.** J'étais remplie d'espoir, elle allait nous aider, c'était certain. Déjà, elle n'était pas retranchée derrière un bureau comme l'autre, mais sur une chaise, en face de nous. Certes elle était vieille, habillée en marron et en gris et avait l'air aussi sinistre que mon fils quand je lui annonce qu'il doit faire une page entière d'opérations, plus une dictée, mais elle allait nous sauver. On a déballé notre vie. Elle écoutait, hochait la tête, ne disait rien. Au bout de dix séances, c'était fini. Nous n'avions toujours pas notre solution.

## Le déclic

**En février, j'ai eu un déclic.**

Nous étions à table, mangeant du riz et des saucisses, en silence. Je le regardais. Il mâchait lentement. Triste. Voûté. Vieux. Gris. On ne rit plus. On ne fait plus l'amour. On ne se rend plus heureux. Ce qui est terrible, c'est qu'on n'est pas vraiment très malheureux non plus. On ne s'engueule pas. On aime regarder des séries ensemble, aller sur Oléron, manger des fajitas, trouver notre fils merveilleux, et on est d'accord sur à peu près tout.

On s'est quittés. Sans y croire vraiment. En s'aimant encore. Je lui ai dit « Je vais prendre un appartement », avec l'espoir que la distance relance notre couple.

**On ne l'a pas vu venir.** On était le couple « parfait », on ne faisait aucun effort pour choyer notre duo, puisque ça « roulait » tout seul. On ne savait pas qu'il fallait faire attention à lui. On était jeunes, naïfs. J'ai cherché un logement, la culpabilité au ventre, et soulagée en même temps d'avoir enfin pris une décision.

Avec la douloureuse intuition que plus jamais je ne vivrais un amour aussi fort et innocent.

## Trouver un appartement

« Bonjour, je cherche un logement pas cher, pour moi et mon fils », ai-je annoncé en entrant dans l'agence.

L'agent immobilier, 28 ans à tout casser, cravaté-parfumé, m'a répondu :

— Dites-moi, c'est un peu petit pour un enfant et vous !

— Oui connard, je veux bien un deux cents mètres carrés avec salle de jeux et jacuzzi, mais je pense que ça va pas être le même prix.

À la place, je me suis tue, je suis sortie, les larmes aux yeux. Je venais d'expérimenter ma première expérience de pauvre. Le mépris, la condescendance. Depuis, je comprends pourquoi ce sont les personnes aux revenus les plus modestes qui donnent aux (vrais) pauvres. Parce qu'ils savent, un peu.

**Sur les conseils de ma psy,** qui m'a fait prendre conscience que les gens en face de moi ne seraient pas aussi gentils que Charles Ingalls, pour les visites suivantes, j'ai menti. J'ai dit que j'étais en couple, sans enfant, que je cherchais un appartement pour écrire, et j'arrivais aux visites déguisée en riche bourgeoise (mais pas de façon ostentatoire. Jouer la riche qui ne veut pas avoir l'air riche. Machiavélique).

**Ça a fonctionné !** J'ai trouvé un deux-pièces de vingt-huit mètres carrés, en centre-ville. Petit oui, mais dans mon budget, et lumineux, avec un beau parquet et une vue dégagée sur la nature. Il était PARFAIT. Il était pour MOI. J'ai même envoyé une lettre de motivation au propriétaire « Je ne fume pas, je n'ai pas d'animaux, je suis propre, je le veux… » Je l'ai eu. Première victoire de ma nouvelle vie de mère célibataire. Jamais je n'avais eu d'espace à moi, payé par moi, avec ma demi-paye de prof (et la CAF).

**L'aide est arrivée,** y compris de personnes que je connaissais peu, et dont je n'attendais rien.

**Carine m'a donné un micro-ondes,** Caroline et Maxime un petit réfrigérateur, puis virée à Ikea, Clic-Clac, lit pour mon fils, une table, deux chaises, des étagères, ma nouvelle vie commençait. Heureusement, j'avais des copines.

## Les copines

**Les copines,** elles sont là dans tous les moments importants de la vie. On rit ensemble, on chiale ensemble, on s'envoie cinquante-six SMS pour parler de choses profondes ou totalement débiles.

**Quand l'une a un chagrin d'amour,** l'autre lui dit qu'elle est super bonnasse, qu'elle mérite beaucoup mieux, qu'il va s'en mordre les doigts quand il va réaliser qu'il a laissé filer une nana aussi géniale.

**Quand l'une a une bonne nouvelle,** l'autre se réjouit.

**Quand on est limite en burn out,** avec trop de boulot, trop de ménage, trop de gamin, trop de paperasse, trop de cons, trop de tout, on se dit qu'on va y arriver, on se fait une soirée Spritz ou mojitos (ou bière parce que « Ouh là, le mojito, bonjour la barre le lendemain matin ! »), on fait le point et on établit des stratégies pour avancer dans la vie.

**Bref, les vraies copines,** c'est essentiel à la survie de la femme moderne.

**PAULA**, c'est ma copine spécialiste fringues et déco : « Non, je n'aime pas ce pull Vanessa, il est moche. » (Oui, elle est très franche.)

**Paula et moi,** on se connaît depuis nos 18 ans, quand on était sauveteuses en mer, l'été.

**Aujourd'hui,** elle est géomètre. Elle a d'abord été douanière, mais elle s'emmerdait, donc elle a changé. Son rêve à elle, c'est de retaper des appartements. La déco, l'aménagement, elle adore ça. La preuve, elle appelle les vendeurs de chez Casto par leur prénom.

**CARO**, ma copine d'enfance, elle est or-ga-ni-sée. Elle gère super bien.

Chez elle on dirait un appartement témoin (elle peut même dire des phrases inenvisageables comme : « Moi, le ménage, ça me détend »), elle fait ses courses en avance, prévoit ses menus pour la semaine. Elle a des jumelles ; elles sont sages, belles, polies, calmes, apprennent le piano, la danse et le chinois. Je suis super à l'aise quand je débarque chez elle avec mon fils qui court partout en criant « Putain », « Merde » et qui leur parle d'un film d'horreur qu'il fait semblant d'avoir vu pour les impressionner.

Caro est directrice financière d'un gros groupe de transport, et son mari a créé sa boîte d'expertise comptable qui cartonne, et en plus, il est sympa. Caro a les yeux bleus, de longs cheveux blonds épais, « trop épais, ils mettent trois heures à sécher, c'est un cauchemar ! ». (Moi, ils mettent dix minutes et à 70 ans j'aurai un brushing violet très aéré.) Et elle a plein d'amis, parce qu'elle est cool, tout simplement. Facile à vivre, pas prise de tête, destinée à être heureuse. Son rêve, c'était d'avoir une famille. Elle a attendu ses filles des années, elle a fait une FIV, ça a marché, joie, elles sont arrivées.

Il y a aussi **TONIE**, la Parisienne branchée sur un courant alternatif permanent, toujours dans l'action, en train de bosser, voyager, lançant un nouveau projet, mettant en relation des gens, organisant une soirée énorme avec des litres de champagne, un DJ, un basketteur professionnel pour un atelier « tir au panier », un photographe, un caméraman, des comédiens qui font un *happening*, bref, la démesure, mais tout en simplicité. C'est facile pour elle. Moi, pour organiser un truc comme ça, il me faudrait un an de préparation et des Lexomils. Tonie, elle est incroyablement vivante, joyeuse, drôle, et elle avance. Si je lui dis : « J'ai contacté dix pros, pas une réponse… », elle me répond : « Contactes-en cent ! »

Si je lui dis : « Mon mec ne s'est pas remis de sa relation avec son ex je crois, il a du mal à me faire confiance. »

Elle me répond : « *Bullshit* », et « Visiblement ses burnes sont restées dans le sac à main de son ex ».

**Avec Tonie,** j'ai l'impression d'être dans *Sex and the City*. On se rejoint dans un institut de beauté et on papote en se faisant faire les ongles des pieds, on se rejoint dans un bar et on est potes avec tout le monde en trente minutes, on se rejoint en scène ouverte pour tester des sketchs et on rigole en coulisse (parce qu'elle est humoriste aussi, en plus d'avoir créé sa boîte d'humour en entreprise), on se rejoint chez elle pour boire une bière ou un café selon l'heure, on se rejoint à son boulot où je me pose pour écrire, on se rejoint pour un brunch le dimanche matin, pour un bobun, un cours de Pilates, bref, elle vit dans un film hollywoodien hyper cool, et je la rejoins régulièrement.

**ROSELYNE**. C'est ma voisine. Elle a 65 ans, et son crédo c'est : « Je fume, je bois, je baise. » Elle a élevé son fils toute seule, tout en étant directrice de formation dans une grosse boîte. Je pense donc qu'elle compatit, les fois où j'ai l'air au bout de ma vie, le visage hirsute et le cheveu gras. Dans ces cas-là, elle me dit : « Venez manger chez moi ce midi avec le petit ! ».

Elle suit des cours de philo sur Internet, travaille chez Emmaüs, continue à travailler en free-lance, a un jardin potager avec légumes et fruits qu'elle dépose de temps en temps devant notre porte, elle nage tous les dimanches son kilomètre, voit un spectacle par semaine (au moins), et hésite à s'installer avec son mec (parce qu'elle a peur de perdre son indépendance et veut son espace à elle). Conclusion : on se pose toutes les mêmes questions, peu importe l'âge.

**Bien sûr il y a d'autres copines,** mais quand il y a trop de personnages dans un bouquin, personnellement je suis paumée, donc on va se limiter à quatre si ça vous va (en même temps j'espère, parce que maintenant je ne peux plus changer grand-chose).

# Instagram ? J'y passe très peu de temps.

**Je suis narcissique** (c'est ma mère qui me l'a dit : « Tu es une artiste, donc tu es forcément narcissique. ») OK, mais poster des photos de moi tous les jours sur Instagram et mettre en commentaire : « J'ai trop une sale tête, aujourd'hui ! » alors que je me suis maquillée comme un poisson clown, que j'ai mis vingt filtres et que j'ai pris six cents photos avant de décider celle sur laquelle je me trouve plutôt canon, j'ai du mal.

**Quand j'étais en prépa** (oui j'ai fait une prépa lettres, j'ai même lu quatre fois *Le Soulier de satin* de Claudel), il y avait cette fille, une blonde très belle.

↘ C'est aussi du narcissisme, oui

**Un jour,** je suis allée dans son appart, et il y avait des photos d'elle PARTOUT. Elle en maillot de bain, elle en robe de soirée, elle à son anniversaire... Je me suis dit qu'elle devait follement s'aimer pour faire ça. Ou alors pas du tout. Bref, je ne savais pas trop, mais j'ai trouvé ça très bizarre.

**Instagram,** c'est l'appartement de cette copine blonde. À la base, quand on y pense, c'est spécial. Pourtant je suis devenue comme elle, puisque je poste des photos de moi, je parle de ma vie, et je me suis mise à aimer ça. Même Madonna y partage son quotidien. Ce qui désacralise, je trouve : depuis, pour moi ce n'est plus Madonna, la star à la vie mystérieuse, c'est Monique, ma voisine de palier qui a un faux air de Madonna.

**J'ai beau me sentir mieux** quand je fais une *digital detox*, je continue à passer beaucoup trop de temps sur mon portable. Pour mes SMS, pour l'heure, pour mes mails, la météo, un plan, une recette de cuisine, les photos de gens que je ne connais pas…

**Pour réussir sa vie,** il faut avoir plein de *followers* sur Facebook et surtout sur Instagram (Facebook, ça y est, c'est un peu *has been*, c'est « pour les vieux »).

**Pour être *in* d'une manière générale,** il faut aussi faire tout un tas de trucs, que j'ai répertoriés pour toi dans le chapitre suivant, après une longue observation et collecte de données auprès des gens compétents, à savoir des jeunes qui roulent en skateboard et portent un bonnet en plein été, d'influenceuses aux sourcils parfaitement dessinés, et de Parisiennes brunchant et roulant en Smart.

# Cours de hype pour peser dans le game

| | In, trendy, top de la hype | Bolosse |
| --- | --- | --- |
| Attitude générale | **Se comporter comme si tu étais Beyoncé, mais que tu n'avais pas pris la grosse tête.** | **S'excuser :**<br><br>« Bonjour, excusez-moi de vous déranger, désolée-pardon-excusez-moi-d'exister. » |
| Politesse | **Être dans les extrêmes :**<br><br>- Soit ne pas dire bonjour et faire ostensiblement la gueule, soit TROP dire bonjour : « Bonjouuuur, mais ça me fait teeeelllement plaisir de vous voir, vous êtes magnifique !!! »<br><br>- Soit ne pas dire merci du tout, soit être trop polie :<br>« Merciiii infiniment »,<br>« Vous êtes un amour »,<br>« Je vous aime »,<br>« C'est tellement adoraaable »,<br>« Je vais vous épouser ». | **Être polie normalement** (han, nul). |

| | In, trendy, top de la hype | Bolosse |
| --- | --- | --- |
| Langage | **1) Abuser des superlatifs :**<br>« c'est ouf »,<br>« truc de malade »,<br>« je suis au bout de ma vie »… | **Parler avec des mots normaux ou un langage un peu soutenu :**<br>« seyant »,<br>« palpitant »,<br>« attrayant »… |
| | **2) Parler en verlan :**<br>« chanmé »<br>« cheum »,<br>« uc »…<br>(Attention c'est presque ringard.) De même que les vieux prénoms, les vieilles expressions vont faire leur come-back. | ⚠ **Attention archibolosse :**<br>Parler avec des expressions déjà beaufs dans les années 80 :<br>« la zik »,<br>« bon zeek-end »,<br>« voili-voilou »,<br>« chicos »,<br>« tip-top »,<br>« top moumoute »,<br>« ras la casquette »,<br>« viens à ma baraque »,<br>« je vais au docteur ». |
| Lieu de vie | Paris, NYC, London, Barcelona… (le dire dans la langue du pays). | La banlieue ou pire, la province ! |

| | In, trendy, top de la hype | Bolosse |
| --- | --- | --- |
| Fringues | Associer tout ce qui ne va pas ensemble. Plus c'est moche, mieux c'est. Faire ce que t'interdisait ta mère : mettre un haut rouge et une jupe orange. Un haut à pois et une jupe écossaise. Un maximum de couleurs dans une même tenue. | Assortir des choses.<br>Exemple : un sac à main rouge avec des chaussures rouges (bolosse puissance mille), un collier assorti à ses boucles d'oreilles (totalement ringue). |
| | | |

**Futur langage so in**

Les expressions de ma grand-mère (le kitch revisité, bientôt super *trendy*, à utiliser sans modération pour pouvoir dire « ça fait lonnngtemps que je parle comme ça, moi ») : courir sur le haricot, nom d'une pipe en bois, c'est du tonnerre, flûte, mazette, purée, punaise, se casser la margoulette, être flapie, cinglée, yoyoter de la touffe, se casser la nénette, être lent à la comprenette, beurrée comme un petit Lu, fagotée comme l'as de pique.

# In, trendy, top de la hype

# Bolosse

**Instagram**

**1) Appeler tes *followers*** «Mes amours », « Je vous aime à la folie » (tu ne les connais pas, mais on s'en fout).

**2) Faire des vidéos de toi allant à la salle de sport :** « Salut les amours, aujourd'hui je vais à la salle, #NoPainNoGain ».

**3) Faire des vidéos de toi en train de bosser** avec en légende « #NeverGiveUp, #BeyondThePossible ».

**4) Poster une photo de toi dans une pose sexy en soutif-culotte avec en légende :** « Pourquoi y a-t-il quelque chose plutôt que rien ? Leibniz » ou n'importe quelle autre citation de philosophe, pour justifier la photo de toi presque à poil.

**5) Remercier tes *followers* dès que tu passes une barre symbolique :** « Salut mes amours, on est mille sur ce compte, merci ! Je vous aime tellement ! » (Ça marche même si tu as cent *followers*, l'essentiel c'est d'avoir l'air d'une re-sta. Si tu en es convaincue, dans six mois tout le monde le sera.)

**Ne pas avoir Instagram.** Ou pire, avoir Instagram, mais vingt-cinq *followers*. Alors que toi tu *follow* deux mille cinq cents personnes.

| | In, trendy, top de la hype | Bolosse |
|---|---|---|
| Vacances | - **À l'étranger,** au bord d'une mer à l'eau turquoise. Poster sur Insta des photos où tu nages avec des requins et des tortues.<br>- **En France,** dans un lieu isolé avec un concept zéro déchet, des toilettes sèches, de la bouffe vegan, en *digital detox*.<br>- **Avec ton sac à dos** pour aller à la rencontre de vrais gens, mon Dieu que ça fait du bien. | - **En France,** au bord de la mer ou à la montagne, avec tes mômes ou des amis. Faire des apéros et des jeux de société.<br><br>- **Un voyage organisé.** |

| | In, trendy, top de la hype | Bolosse |
|---|---|---|
| **Prénoms** | D'une manière générale, un prénom *trendy* est un prénom que tu as besoin d'épeler ou d'expliquer.<br><br>**POUR LES HOMMES :**<br>**- Les prénoms rares et anciens** (ou encore mieux, qui n'existent pas) : Hippolyte, Achille, Léonard, Siméon, Taby, Tabouret.<br>**- Les vieux prénoms pas à la mode :** Georges, Raoul, Maurice…<br><br>**POUR LES FEMMES :**<br>**- Les prénoms classiques,** mais orthographiés autrement (Pauline = bolosse, mais Polyne = branché).<br>**- Les prénoms d'aliments** (Vanille, Cannelle, Myrtille, Framboise, Prune, Brocolis).<br>**- Les prénoms d'hommes :** Tonie, Charlie, Jules, Robert…<br>**- Le top :** un prénom ancien + d'homme, associé à un nom de famille à consonance anglo-saxonne :<br>Je vais signer mon livre « Maurice O'bryan » ou « Marcel Sparkle » (George Sand avait tout compris). | Tous les prénoms que tu n'as pas besoin d'épeler ou d'expliquer. |

# Être mère, c'est fastoche
## (AH AH AH)

**Être mère,** c'est avoir envie de glander dans ton canapé, mais ne jamais y arriver.

Parfois j'en suis au point où, quand mon fils doit prendre son bain à 18 h 30, qu'il est 18 h 45, que je suis fatiguée, énervée parce que rien ne va comme je veux aujourd'hui, et qu'il me dit « Je veux faire pipi ! », ça donne :

« Tu veux faire pipi ? Ah d'accord. Très bien. Très très très bien. Mais ton petit pipi là, ça va nous prendre deux minutes… donc on va être encore plus en retard pour le bain… donc en retard pour le repas, donc tu vas te coucher trop tard… demain matin tu vas être fatigué tu vas pas vouloir te lever, on va arriver en retard à l'école, je vais me prendre une réflexion de ta maîtresse, ça va m'énerver pour la journée... le soir on va être fatigués tous les deux alors évidemment ça va gueuler, donc on va passer une soirée de merde, une semaine de merde, un mois de merde, une année de merde, une VIE de merde !!! Et quand tu auras 35 ans, après dix ans de psychothérapie, tu vas me reprocher d'avoir été une mère autoritaire et castratrice, et c'est moi qui vais devoir faire dix ans de thérapie pour m'en remettre, alors PISSE DANS TON BAIN. »

**Ma copine Caro,** elle gère teeeellement bien. Quand ses filles font leurs devoirs, personne ne crie, personne ne pleure. Elle ne hurle pas pour expliquer la multiplication : « Ça fait combien de fois que je te dis qu'il faut poser la retenue ? Pose-la. Pose-la. Pose-la. Pose-laaaaaa je te diiis ! Putain, il la pose pas. Il la pose pas ! Arrête de chialer ! »

**Caro, quand elle dit** « On sort, les filles ! », elle ne répète pas mille fois : « Mettez vos chaussures. Vos chaussures. Vos chaussures. METTEZ VOS CHAUSSURES, DANS VOS PIEDS !! ON VA ÊTRE EN RETARD ! Je m'en fous, je pars sans vous. »

**Caro, quand elle organise un anniversaire,** elle a prévu un magicien et un château gonflable et tous les enfants repartent avec un cadeau. Évidemment elle a invité toute la classe et l'après-midi était presque reposant.

Moi, j'invite quatre enfants et au bout d'une heure j'ai une migraine dantesque et je les surnomme tous Chucky (Chucky 1, Chucky 2, Chucky 3, Chucky 4).

**Caro est investie dans la vie de parents d'élève.** À la fête de l'école, elle est déguisée en Pokémon (tout en restant sexy) et elle vend ses gâteaux maison sans gluten-sans œuf-sans lactose, « comme ça tout le monde peut en manger ! » (moi j'ai apporté un cake « maison » Papy Brossard et je suis déjà contente d'y avoir pensé).

**Caro, quand ses filles lui demandent :** « Maman, pourquoi le ciel est bleu ? », elle répond d'une voix cristalline : « Le ciel est bleu suite à un phénomène très intéressant : c'est la diffusion de la lumière solaire par l'atmosphère... Regardez, je vous ai fait une petite animation sur l'ordinateur. »

**MOI** : « Il est bleu parce que… rouge, t'imagines ? Ça serait fatigant pour les yeux. »

**Le pire,** c'est que tu ne peux pas la détester, parce que quand tu as besoin d'elle, elle est toujours là. Et quand tu lui dis qu'elle est parfaite, elle répond avec son air délicieusement classe et accessible à la fois : « Moi, parfaite ? Tu sais que parfois j'en peux plus de mon mari et de mes enfants et que j'ai envie de me barrer à l'autre bout du monde boire des mojitos ? »

Ouf.

# Être mère célibataire, c'est encore plus fastoche

## (AH AH AH AH AH AH AH AH AH AH AH AH)

**Être mère célibataire + prof + humoriste**, c'est beaucoup. Ça sent l'hyperactivité mal maîtrisée, ça sent le burn out potentiel.

**MÈRE CÉLIBATAIRE.** L'intitulé fait déjà rêver. Tu t'appelles « parent isolé » dans les papiers de l'administration. T'attends presque que Jean Valjean débarque pour te sauver.

### Les premières vacances

**Le plus fastoche,** ce sont les premières vacances. Seule avec ton gamin. Comme tu n'es plus très pourvue d'argent, mais que tu ne veux pas renoncer aux vacances, tu décides de partir en camping. En CAMPING. Le vrai, avec une tente, des matelas gonflables, un réchaud et les toilettes très loin de ton lieu de vie, où tu dois te rendre avec ton rouleau rose à la main, histoire que tout le monde sache bien que tu vas soulager le contenu de tes intestins ou de ta vessie. Pour compléter le tableau, les autres familles (non monoparentales évidemment, tu as l'impression d'être la seule divorcée de France) te jettent à la tête leur bonheur ostentatoire. Sur la plage, en famille, mangeant une glace, en famille, jouant au ballon, en famille, faisant du cerf-volant, en famille, partant en balade à vélo, en famille, ah ah le pneu est crevé c'est pas grave, Papa va le réparer ! Tu chiales derrière tes lunettes de soleil. Tu te dis que pour toi, la famille idéale, c'est fini.

### Les soirs de fatigue

**Encore plus fastoche,** c'est le soir où ton fils décide de dérouler TOUT le papier toilette pour s'essuyer tout seul (« T'as vu Maman ?! »), de jouer à « il pleut, il pleut bergère » dans la salle de bains avec le pommeau de douche dirigé dans le mauvais sens, d'attaquer le mur avec une paire de ciseaux pour faire un trou : « Mais Maman, arrête de t'énerver c'est rien ! C'est quand même moins grave que de mourir dans un accident de voiture ! » Sur le coup, tu cries, tu ris, tu vas dans la cuisinette de ton petit appartement, tu sors ta petite bouteille de tequila, tu te sers un petit shot avec du sel et du citron, tu te dis que tu vas faire une petite dépression, que c'est trop dur, que tu vas devenir alcoolique, que finalement tu n'es qu'une faible femme qui a besoin d'un homme pour la prendre dans ses bras et descendre cette putain de poubelle et changer cette putain d'ampoule qui a grillé il y a deux semaines et cette poignée de merde qui te reste dans les mains dès que tu fermes la porte de la chambre.

Oui, tu pourrais le faire toute seule, tu peux *tout* faire toute seule, mais parfois, *tout*, c'est trop.

**Heureusement,** ta voisine, c'est Roselyne. Les matins de week-end, ton fils a pris l'habitude d'aller regarder la télévision chez elle, devant un bon petit déjeuner, pendant que tu finis ta nuit à l'étage en dessous, épuisée par ta double vie. Quand elle te voit chialer d'épuisement, elle te dit : « C'est normal, vous ressentez tout plus fort que les autres, vous êtes une artiste, et c'est génial, c'est pour ça que vous pouvez créer toutes ces choses. » Tu la remercies et tu chiales encore plus tellement c'est gentil.

**Un jour, tu as à peine réussi à te lever.** Tu t'es traînée avec ton fils jusqu'à l'école, et tu es repartie te coucher. Tu as appelé tes parents. Ton père : « T'es épuisée ? Ah zut alors, c'est embêtant. » Il a pris un train et il est venu t'aider. Il s'est occupé de son petit-fils, a fait les courses, la bouffe. De toute façon tu ne pouvais plus rien gérer. Ça a duré dix jours. C'est là que tu as pensé à quitter ton boulot de prof. Surtout que tu allais bientôt pouvoir être intermittente avec tes cachets. Tu as mis du temps à vraiment récupérer, avec du fer, du magnésium et plein de vitamines. Au bout de trois mois, tu avais à nouveau la grosse forme. Puis, tu as eu tes **règles**.

# Journal de mes règles

**J'ai calculé :** si tu as tes règles pendant trente-cinq ans, à raison de cinq jours par semaine, une semaine par mois, en tout dans ta vie tu saignes pendant **neuf ans** (oui, je m'ennuie parfois).

**Ce qui est bizarre,** c'est que quand tu as tes règles, tu dois faire comme si de rien n'était. Comme si elles n'avaient aucun impact sur ta forme physique et ton moral. Surtout au boulot ! Sinon ça reviendrait à avouer que tu es soumise à un cycle hormonal. Que tu es une femme, quoi. **Et ça, c'est dégradant.**

**Pour mieux les observer et faire comprendre à nos lectrices masculines ce qui se passe dans notre corps et dans notre tête, j'ai dressé un petit journal de mes règles.**

## Règles jour 1 :

Vous débarquez direct en flux tendu, et je n'avais pas pris de précaution (mis de serviette ou de protège-slip, quoi).

**Une lessive à faire, une.**

Je suis tout de suite crevée, même après une nuit de neuf heures. Je me réveille avec le teint terne et un bouton. J'évite évidemment de porter un pantalon blanc pendant les cinq prochains jours, pour ne pas risquer de me transformer en œuvre d'art contemporain. En effet, *Tache rouge sur fond blanc*, c'est bien moins classe que *Carré blanc sur fond blanc*.

*Si t'as pas la référence, tape « Malevitch » sur Google, et cultive-toi bordel.*

## Règles jour 2 :

Vous êtes franchement là. Pour assurer mes arrières, j'ai mis un tampon plus une serviette. J'ai déjà essayé la cup, parce que c'est écolo et que « c'est super pratique, tu verras ». Super pratique, oui.

**Deuxième lessive plutôt.**

Je fais un blocage pour la mettre, même pliée, je stresse, je bloque, c'est mort. Depuis mon accouchement, je suis hypersensible de la foufoune. Logique ! Entre mon mec, mon gynéco, ma sage-femme, ma kiné, mon esthéticienne, ma foufoune, c'est free wifi ! Et j'aimerais bien en reprendre possession, merci.

J'ai lu aussi un article sur la méthode naturelle, le *flow flux instinct*, la nana ne mettait pas de protection et le sang ne coulait que quand elle le décidait. Génial ! J'ai essayé sur une heure.

**Troisième lessive.**

## Règles jour 3 :

Le troisième jour, je suis « à fleur de peau ». Il faut que les gens me disent qu'ils m'aiment. Et ne me fassent aucune remarque. Même constructive. Je m'en fous, je ne construis rien le deuxième jour, je ne construis rien pendant cinq jours, d'ailleurs. Je déconstruis.

# Règles jour 4 :

Je gère : j'ai mes petits tampons dans mon sac depuis quatre jours, dans une petite boîte, bien cachée dans la petite poche intérieure de mon sac. Si jamais je n'en ai pas, j'aborde discrètement une autre femme d'un air conspirateur en lui disant « T'aurais pas des tampons ou une serviette ? » L'autre femme regarde à droite, à gauche, afin de s'assurer que personne ne la voit, et plonge sa main dans la poche intérieure de son sac, duquel elle sort un autre petit sac en tissu satiné et elle me donne furtivement un tampon dans la main, sans le montrer parce que… pourquoi en fait ?

Depuis hier, j'ai décidé de ne plus cacher mes tampons. J'ai commencé par arrêter de les planquer dans ma salle de bains, donc mes tampons sont sur une étagère, À VUE.

Hier je suis allée dans un café, j'ai demandé les toilettes, avec mon tampon, non pas dans ma poche de jean, non pas dans mon sac à main, non, dans la main, À VUE.

# Règles jour 5 :

Ce matin je me suis dit « C'est presque fini ! ». Youpi, j'en suis presque au protège-slip ! Mais ATTENTION : ne pas s'enflammer trop vite. Parfois c'est une feinte.

**Quatrième lessive.**

J'aimerais proposer une nouvelle loi travail : pouvoir poser des « jours de règles ». Jours de RTT, jours de règles. Genre deux par mois. Pour me reposer. Je crois que dans certains pays ça se fait déjà. Parce qu'entre mon boulot, mon môme, mon ex, mes factures à payer, mes poils à épiler… C'est trop. Pourquoi je m'impose autant de trucs ? Les poils, par exemple : avant je faisais les jambes, un maillot classique, les aisselles. D'année en année, je rétrécis le maillot, et j'ai ajouté le sillon interfessier, le fameux SIF… Je me suis fait avoir un jour, chez l'esthéticienne :

**ESTHÉTICIENNE** – Je vous fais le SIF ?
**MOI** – Hein ? Le… C'est quoi ça ? Bon OK, on tente on verra !

La nouvelle mode, c'est de se faire… attention... blanchir l'anus ! Sérieusement ?! Là je dis STOP. Arrêtons la surenchère.

*Nota bene :* si un jour tu tombes sur un mec pour qui c'est important que tu te fasses blanchir l'anus, réfléchis bien. C'est peut-être pas le bon.

# Les Trucs qui saoulent,

TOME 2

☑ Quand tu as tes règles et que tu éternues.

☑ Quand un mec de 20-25 ans t'appelle « Madame » et te vouvoie.

☑ Quand un homme qui te plaît ne répond pas à ton SMS (ou alors soixante-douze heures après).

☑ Quand tu as prévu LA soirée de ta vie depuis six mois et que le jour J tu as une gastro.

☑ Quand tu fais une blague par SMS à un mec qui te plaît et qu'il ne réagit pas (pas de « ah ah » ou de 😂, ni même de « lol » ou de « mdr »).

☑ Quand tu t'es maquillée, que tu regardes le résultat, et que tu as l'impression de ne PAS être maquillée.

☑ Quand tu fais une tache de gras sur tes chaussures en nubuck.

☑ Quand ton mec ne fait pas d'efforts alors que tu es une princesse, bordel.

☑ Quand ton portable est déchargé et que tu étais sur Google map pour rejoindre des copains à un rendez-vous.

☑ Quand ta mère appelle trois fois dans la journée pour te poser des questions sur « YouToube », et comment marche le « bloutouk ».

☑ Quand la maîtresse de ton fils veut te parler parce que ton fils a mordu un autre enfant.

☑ Quand la maîtresse veut te parler parce qu'un autre enfant a mordu ton fils.

☑ Quand tu es en pleine ovulation et qu'elle est demi-molle.

☑ Quand elle n'est pas demi-molle du tout et que tu as juste envie de lire un bouquin ou de dormir.

☑ Quand c'est le premier soir, que tu as très très envie, mais que tu te retiens pour ne pas passer pour une chaudière.

☑ Quand au bout d'un moment, n'y tenant plus, tu te dis que c'est nul ces règles sexistes que tu t'imposes et tu lui sautes dessus comme une hyène affamée.

# Noël en famille

Comme Noël, chez moi, c'est une vraie pièce de théâtre… autant vous l'écrire :

## LE DÎNER DE NOËL
### COMÉDIE DRAMATIQUE EN TROIS ACTES

**Personnages :**

**Le père :** A fait carrière.

**La mère** : A fait des quiches.

**Vanessa** : Fille aînée.

**Marie :** Fille cadette. En couple avec Pavel.

**Pavel :** Petit ami de Marie, Tchèque.

**Décor**

*Un salon classique, chic sans être ostentatoire, un mélange de moderne et de meubles anciens en bois.*

*Une grande pendule en bois à balancier à jardin.*

## ACTE I

*Musique de Noël.*

*Vanessa est à genoux devant la table basse en train de beurrer des toasts.*

*La mère, vêtue d'un tailleur et d'un tablier immaculé, entre, des coupes à champagne à la main. Le père lit* Valeurs Actuelles *sur le canapé.*

**LA MÈRE**
Voilà, on va pouvoir prendre l'apépé, l'apépé, l'apéro ! Il est où ton fils, Vanessa ? Dis-lui de venir manger ! *(Elle soupire bruyamment.)* Pourquoi tu es partie ? Quitter le père de son fils ! Quelle idée ! Il ne buvait pas ?

**VANESSA**
Non.

**LA MÈRE**
Il ne te frappait pas ?

**VANESSA**
Non.

**LA MÈRE**
Ben alors ! T'as quelqu'un, c'est ça ?

**VANESSA**
Non Maman, j'ai personne. Je te l'ai déjà dit.

**LA MÈRE**
Tu as quelqu'un.

**VANESSA**
Je n'ai personne.

**LA MÈRE**
Tu peux me le dire.

**VANESSA**
Je te le dis ! Ça ne marchait plus.

**LA MÈRE**
Ouh là là, t'es bizarre hein… enfin… « Ça ne marchait plus ! » … ben tu aurais dû faire semblant !

**VANESSA**
Semblant ?

**LA MÈRE**
Ben, t'es comédienne ou t'es pas comédienne ? T'es sûre que tu n'es pas lesbienne ?

**VANESSA**
Non Maman, je suis pas lesbienne, tu me l'as déjà demandé.

**LA MÈRE**
Et comment tu vas faire financièrement ? Toi, de toute façon, t'aimes bien être pauvre, hein. Ça fait âartiste !

**VANESSA**
Oui, j'adore ça. *(Elle se sert un verre d'eau.)*

**LA MÈRE**
Non ! Pourquoi tu bois dans ces verres ?

**VANESSA**
... Parce que j'ai soif !?

**LA MÈRE**
Mais non, enfin ! Ce sont les verres d'exposition ! C'est pour les invités.

**VANESSA**
Des verres d'exposition... ?

**LA MÈRE**
C'est ça. Et pourquoi tu bois comme ça ? Je sais pas, moi quand je bois, je fais comme ça *(mime)*, pas comme ça *(mime en exagérant)*. Bon écoute, c'est Noël, c'est la fête, on en profite ! On en pro-pro, on en pro-pro, on en profite !

*Vanessa prend un chocolat sur la table.*

**LA MÈRE,** *lui tapant sur la main.*
Non ! Tu ne manges pas ces chocolats, c'est pour la déco !

**VANESSA**
La déco ? *(Elle soupire)* Noël, ça me déprime.

**LE PÈRE**, *levant le nez de son magazine*
Moi aussi. Et toute cette bouffe-là, je te dis pas le foie après. Et puis maintenant les enfants ont trop de cadeaux, c'est indécent ! Moi quand j'étais petit, j'avais quoi à Noël ? Une orange. Et j'étais content !

**LA MÈRE**
Tu sais que Vanessa a quelqu'un, mais qu'elle ne veut pas le dire ?

**VANESSA**
J'ai personne.

**LE PÈRE**
Ah bon, elle a quelqu'un !?

**LA MÈRE**
Oui, et elle est lesbienne.

**VANESSA**
Mais non...

**LE PÈRE**
Nous voilà bien ! Ah non, hein ! Remarque, maintenant elle peut même se marier avec une femme alors…

**VANESSA**
Alors je trouve ça super ! Et c'est logique ! Liberté, égalité, tout le monde peut se marier.

**LE PÈRE**
Et devenir comédienne… sérieusement... pourquoi tu veux devenir chômeuse alors qu'en tant que prof tu bosses déjà pas ?

*Vanessa soupire. La sonnerie de l'entrée retentit.*

**LA MÈRE**, *sursautant de joie.*
C'est Marie !

**VANESSA**
Et Pavel ! On va enfin le rencontrer !

**LA MÈRE**
J'espère qu'il sera mieux que l'autre guignolo, avec ses cheveux en lianes là, ses « drade looks ».

**VANESSA**
Dread locks. Et il était sympa, ça va.

**LA MÈRE,** *à Vanessa.*
Oui, sympa. C'était quoi son prénom ?? Mowgli, c'est ça ?
*(À Marie)* Ma chérie !

**MARIE,** *entrant et embrassant tout le monde.*
Bonjour ! Je vous présente Pavel. Pavel, mes parents, ma sœur...

**PAVEL,** *serrant la main de tout le monde, et avec un fort accent.*
Enchanté.

**MARIE**
Pavel ne parle pas très bien le français pour l'instant, il apprend.

**LE PÈRE,** *avec le même accent que Pavel, pensant parler tchèque.*
Bonjourr, bienvenue chez nous, je suis la papa dé Marie.

**PAVEL**
Merci beaucoup.

**LE PÈRE,** *aux autres, content de lui.*
Il comprend !

**LA MÈRE,** *autoritaire.*
ASSEYEZ-VOUS !

**LE PÈRE,** *toujours avec son faux langage tchèque.*
Pavel, je vous sers à boire… boire ?! *(Il fait le geste de boire)* Champagne ? Cham-paaaagne ? Vin... glouglou… betites bulles…

**MARIE**
Papa, il n'a pas de retard mental, il est juste tchèque, et tu ne parles pas tchèque.

**LE PÈRE**
Euh, si ! J'ai regardé sur Internet et je le parle un peu. Il comprend je te signale ! On peut faire en anglais sinon. J'ai pris des cours avec une méthode. Les verres Pavel… Ah comment on dit… les *glass* Pavel, bim ! Hop ! Paf !

**LA MÈRE**
Oh il est nul. Nul, nul, nul. Stupide. Stupide ! *(Brusquement)* Bon, on est bien là non ? On est en bonne santé, tout va bien… ON EST BIEN OU ON N'EST PAS BIEN ?

**TOUS,** *comme des moutons.*
Oui, on est bien.

**LA MÈRE,** *toujours speed.*
Qu'est-ce qu'on est bien ! On a de la chance, tout le monde va bien ! J'ai commencé ma formation de sophrologue au fait ! Ça me fait un bien fou ! Je po-si-ti-ve. Je positi, je positive !

**VANESSA**
Tu vas ouvrir un cabinet, après ?

**LA MÈRE,** *presque hystérique, hurlant.*
Oui, JE VAIS DÉTENDRE LES GENS ! Je suis clairement faite pour ça !

*Silence rapide.*

**LA MÈRE**
On trinque ! Joyeux Noël !

**TOUS**
Joyeux Noël !

**LA MÈRE**
J'adore le cham-champ, le champagne !

**LE PÈRE**
Moi, je le digère mal. *(À Pavel, il montre son ventre). Bad, bad* pour la santé.

***NOIR***

# ACTE II.
## UN AN APRÈS, MÊME LIEU, MÊMES PERSONNAGES.

**LA MÈRE,** *habillée chic, avec un tablier immaculé.*
On passe à table ! Tu me ressers une coupe de cham-cham, Vanessa ?

**LE PÈRE**
Moi, il ne passe pas niveau digestion.

**LA MÈRE**
Toujours en train de se plaindre ! Moi, je me plains pas. Pourtant je n'ai pas de cabriolet. T'aurais quand même pu me l'offrir pour mes 50 ans. J'ai 58 ans, j'ai toujours pas de cabriolet !

**MARIE**
Le cabriolet…

**VANESSA**
Si t'as pas ton cabriolet à 58 ans, t'as raté ta vie.

**LA MÈRE**
Pavel, tu m'aides à servir les noix de Saint-Jacques ?

**PAVEL**
Bien sûr.

**LE PÈRE**
Attention, c'est déjà salé ! Ne resalez pas, c'est très mauvais !

**LA MÈRE**
Tu as une tête, Marie ! Tu as de ces cernes !

**MARIE**
Oui, je suis vraiment pas bien depuis hier, je crois que j'ai la grippe.

**LE PÈRE**
Cette année il y a eu énormément de morts à cause de la grippe.

**MARIE**
Merci, ça va mieux là.

**LE PÈRE**
Ou tu as peut-être ramené un virus de ton voyage. L'Inde, Bali… c'est plein de maladies, là-bas. J'ai vu un reportage là-dessus.

**PAVEL**
Non, j'ai eu la grippe la semain dernière, j'ai dû lui donner.

**VANESSA,** *le corrigeant.*
La semain**e** dernière.

**PAVEL**
Ah oui, c'est vrai ! Merci.

**MARIE**
T'es plus prof, détends-toi.

**VANESSA**
Ah, le bonheur…

**MARIE**
Je suis super fière de toi. Je te signale que t'as réalisé ton rêve ! C'est génial, non ?!

**VANESSA**
Oui, enfin c'est pas encore la richesse, hein.

**MARIE**
Moi je démissionne en juin, c'est décidé. Je vais monter ma boîte et créer une formation pour les entreprises en yoga-méditation...

**LE PÈRE**
Ouh là là ! Réfléchis, hein ! Une qui devient comique, la seconde prof de yoga ?! C'était bien la peine de vous payer des études !

**LA MÈRE**
Votre père a raison !

**LE PÈRE**
L'autre jour j'ai vu Yves, eh bien Carine, sa fille, elle a un super salaire, hein ! Avec son mari chirurgien, à eux deux, ils gagnent près de douze mille euros par mois. Ils ont une grande maison avec piscine !

**LA MÈRE**
Votre père a raison !

**VANESSA**
Si à 35 ans t'as pas ta piscine, t'as raté ta vie.

**LA MÈRE**
C'est bien une réflexion de riche, ça ! On voit que tu n'as pas manqué, hein. Tu verras quand tu ne pourras pas te payer de vacances ni de nouvelle voiture.

**VANESSA**
J'irai en camping en stop.

**LA MÈRE**
Oui oh… fais la maligne !

**VANESSA**
Mais non, un jour je serai riche avec mes blagues.

**LA MÈRE**
Tu me paieras un cabriolet ?

**VANESSA**
Oui, un cabriolet décapotable.

**LA MÈRE**
Ben, c'est le principe du cabriolet.

**VANESSA**
Je sais. C'était une blague.

**LE PÈRE**
Eh ben, c'est pas gagné…

**LA MÈRE,** *d'un coup.*
MANGEZ !

*Tous sursautent et s'exécutent.*

**LA MÈRE,** *après un long silence d'une seconde.*
On va divorcer avec votre père.

*(Silence rapide)*

**MARIE**
Bon, ben c'est super, si vous êtes mieux comme ça.

**LA MÈRE**
Ah c'est super ? Ça vous fait rien ? Mais, c'est compliqué… on aime bien la maison tous les deux… c'est compliqué.

**VANESSA**
C'est matériel, vous prendrez un truc plus petit chacun.

**LA MÈRE**
Ah moi, je ne renonce pas à mon niveau de vie !

**LE PÈRE**
Je prends la pendule.

**LA MÈRE**
Non, c'est moi.

**LE PÈRE**
J'aime cette pendule.

**LA MÈRE**
Moi, plus que toi.

**LE PÈRE**
Non. c'est la mienne, elle vient de mon côté.

**LA MÈRE**
C'est faux ! On l'a achetée ensemble.

**LE PÈRE**
Non.

**LA MÈRE**
Si.

**LE PÈRE**
Non.

**LA MÈRE**
Si.

**VANESSA**
Vous parlez de cette pendule vieillotte, là ?

**MARIE**
Elle est moche. Je peux avoir de la salade ?

**LE PÈRE**
La salade ça me flingue les intestins.

**LA MÈRE**
Pavel, tu me ressers du cham-cham ?

**LE PÈRE**
Le champagne ça me flingue l'estomac.

**VANESSA**
C'est quoi le dessert ?

**LE PÈRE**
Je prendrai la pendule.

**LA MÈRE**
Non, c'est moi.

*NOIR*

## ACTE III,
### ENCORE UN AN APRÈS, MÊME LIEU, MÊMES PERSONNAGES.

**LA MÈRE**, *apportant le dessert avec Marie.*
Vanessa, ça va, pas trop fatiguée d'aider ? Ton spectacle tu devrais l'appeler « Feignasse feignasse » plutôt, hein !

**VANESSA**
J'avoue, j'adore glander.

**LE PÈRE**
T'as l'air fatiguée, Marie.

**MARIE**
Je sais, merci.

**LE PÈRE**
Il faut absolument que tu prennes des vitamines hein, sinon tu vas pas tenir le coup avec ton môme et ta boîte.

**MARIE**
Je le fais déjà.

**LA MÈRE**
Vanessa, quand est-ce qu'on te voit à la télé ?

**VANESSA**
Demain midi. Je présente le JT de 13 heures.

**LE PÈRE**
Eh ben, c'est pas gagné, hein. Tu pourrais parler un peu de politique, d'actualité dans ton spectacle, ça marche ça !

**VANESSA**
Oui mais la politique, c'est pas mon truc.

**LE PÈRE**
Attends, t'as fait Sciences Po et la politique c'est pas ton truc ?

**VANESSA**
Ben non, ça me saoule. Les infos aussi ça me saoule. Ça me déprime.

**LE PÈRE**
Eh ben, c'est pas gagné. C'est quoi ton truc, alors ?

**LA MÈRE**
Quand tu gagneras de l'argent, pense à mon cabriolet !

*On entend les pleurs d'un bébé.*

**MARIE**
C'est Diego, tu y vas Pavel ?

**PAVEL**
D'accord. *(Il sort.)*

**LE PÈRE**
Je le trouve cool, hein, Pavel, il s'occupe beaucoup du petit.

**MARIE**
Oui, il est super.

**LE PÈRE**
N'abuse pas trop, hein.

**LA MÈRE**
Votre père a raison, si vous voulez que votre couple fonctionne…

**LE PÈRE**
Vingt-huit ans de mariage avec votre mère, je vous signale !

**VANESSA**
Et votre secret, c'est quoi ?

*La pendule sonne douze coups.*
*Tous sourient.*

***NOIR***

# Mars : Le monastère

**Huit mois que je suis séparée de l'ExHommeDeMaVie.** Régulièrement, je regrette. Surtout deux jours avant mes règles. Je pleure dans mon lit, je pleure en faisant la vaisselle, je pleure en préparant le repas, en prenant ma douche, dans la voiture derrière mes lunettes de soleil, en regardant la pluie s'écraser contre mon pare-brise, sur un fond de musique déprimante (#*Cliché*).

**Je me dis que j'ai fait n'importe quoi,** que la vie de famille me manque, que je l'aime encore, que tout ce qui n'allait pas, ce n'était pas si grave, que j'aurais dû essayer encore plus.

**Désemparée**, je décide d'aller exhaler cette tristesse lancinante, ce regret abrupt (en gros d'aller chialer ma race) dans un monastère. Pourquoi un monastère ? Parce que j'avais dans l'idée de devenir nonne. Non, je plaisante. Je voulais me retrouver ailleurs, dans un lieu neutre et bienveillant. Et puis, je ne sais pas... j'ai été comme « appelée » (c'est le moment où tu te dis « OK, la meuf va entrer dans un délire mystique catholico-chiantos, mais calme-toi ! »).

**J'ai téléphoné au monastère,** au bord de la chialade, j'ai bien précisé que je n'étais pas une croyante très assidue et que je n'avais pas été à la messe depuis mes 12 ans, on m'a dit «Venez, ici c'est une petite structure, un tout petit monastère de six sœurs clarisses, ça sera parfait pour vous ».

Petite structure, parfait, j'allais pouvoir chialer en toute intimité.

**Je me suis assise au volant de ma Twingo,** me tapant la tête contre le rebord de l'habitacle en lâchant un « putainnn » (la routine quoi), j'ai roulé pendant 1 h 30, j'ai sonné, une sœur m'a ouvert, le visage serein et lumineux, et m'a fait visiter les lieux : la petite chapelle moderne, ma chambre avec un lit une place, la pièce à vivre, baignée de lumière, une table en bois, une bibliothèque. J'ai été accueillie sans jugement, sans question. J'étais là, j'en avais besoin, c'était suffisant pour elles. J'ai senti que même si j'avais commis un meurtre, elles auraient dit « Ah, d'accord, bienvenue » (je n'ai tué personne, hein, juste quelques plantes vertes par négligence).

**J'ai éteint mon portable** en chialant.

**J'ai passé les deux premiers jours à...** chialer. J'allais à la messe à 11 heures et à l'office du soir. En chialant. La journée, je restais en silence, à chialer, je lisais des livres trouvés sur place, en chialant, j'allais marcher, en chialant.

**Toute la journée,** les sœurs prient. Les sœurs chantent. Les sœurs rient, parlent, écoutent. Elles ont toutes eu un métier avant et un jour elles ont changé de vie et décidé de passer leurs journées à prier pour les autres. Ce qui peut paraître inutile, mais quand je les ai vues concentrer leur énergie pour prier, j'ai compris qu'elles avaient un rôle à jouer dans l'équilibre de l'univers.

**La chef des sœurs avait une moustache.** Pas un duvet, une vraie moustache. Comme elle avait la voix un peu grave, le premier jour je me suis demandé si ce n'était pas un homme infiltré. Le deuxième jour, j'ai décidé que c'était une femme et qu'elle assumait ses poils, tout simplement, et je me suis dit « Bravo, elle a raison ». Le troisième jour, je me suis dit « Peu importe si c'est un homme ou une femme après tout, d'ailleurs la notion de genre existe-t-elle vraiment ? » (vous avez quatre heures).

**J'ai pris mes repas** avec un prêtre qui était là pour sa retraite à lui. Je lui ai raconté mon histoire (en chialant bien sûr), combien je culpabilisais, combien c'était difficile... Il m'a écoutée et m'a dit qu'un couple, c'était une histoire à deux, que je n'avais donc pas tous les torts. Je ne le croyais pas, pour moi tout était de ma faute, et je continuais donc à chialer. Au bout du deuxième jour et de quatre repas, il a fini par me lancer, assez sèchement, d'une façon inattendue, qui tranchait avec sa douceur précédente : « Arrêtez de pleurer, maintenant ! Et arrêtez l'autoflagellation. »

**J'ai été saisie.** Mes larmes ont cessé net de couler.

Les prêtres ne sont-ils pas censés être gentils et adorer l'autoflagellation et la culpabilité ?

**Alors j'ai arrêté.** J'avais assez chialé. Ensuite on a parlé religion, Église, je lui ai dit que je ne pouvais pas être catholique parce qu'il y avait des choses auxquelles je n'adhérais pas, comme le fait de refuser le mariage homosexuel, par exemple. Il m'a répondu :

— Lors de ma dernière messe, j'ai dit qu'on ne pouvait pas être contre le mariage homosexuel.

— Quoi ? Pardon ? Vous êtes pour ?

— Non, je ne suis pas pour, mais je ne suis pas contre. Je ne peux pas être contre des gens qui s'aiment.

**Bim, un point pour lui.** Il a continué : « Et je ne suis pas d'accord avec tout ce que dit l'Église. Vous n'êtes pas obligée d'être d'accord avec tout, c'est entre Dieu et vous surtout. »

**Deux points.** Et il a enchaîné avec une image qui a beaucoup aidée la *control freak* qui est en moi : « Pour votre couple, pour votre séparation, et même pour votre travail, pour la vie en général, dites-vous que vous ne pouvez pas tout contrôler. Vous semez des graines, mais c'est Dieu qui fait pousser. »

**Ces paroles ont enlevé un poids énorme en moi.** Si c'est Dieu qui s'en occupe, alors… Je n'étais donc pas la seule responsable de ce qui arrivait dans ma vie. Il a fait sa messe du jour autour de cette idée, en piochant une parabole dans la Bible qui évoquait un champ, des graines qui poussent parfois, et parfois non. J'ai encore un peu chialé à ce moment-là, parce que la spéciale dédicace m'a touchée.

**Pendant ces trois jours,** les moments que j'ai préférés, c'est pendant les offices du soir, au coucher du soleil. Pendant vingt minutes, les sœurs prient et chantent de longues mélopées hypnotiques. Le dernier jour, bercée par les voix profondes des religieuses, une résistance a lâché en moi. J'étais là, déconnectée de tout, ne pensant à rien d'autre qu'à ces voix, observant cette croix colorée accrochée au mur, qui me paraissait un peu folklorique le premier jour, et qui d'un coup, m'a paru sublime. Une sorte de paix intense m'a envahie. Je l'ai presque vue descendre sur moi. Et j'ai senti que je n'étais pas seule.

Je suis repartie le lendemain matin, après avoir remercié les sœurs et acheté une petite croix en bois, que j'ai toujours chez moi (j'ai aussi une statuette de bouddha, une main de Fatma et une mezouza, dans le doute). Dans la voiture, après trois jours de silence presque complet, j'ai allumé la radio. Trop de bruit, trop agressif. J'ai éteint.

Les jours suivants, j'ai compris pourquoi j'avais quitté le père de mon fils et pourquoi j'avais bien fait. Même si j'allais regretter encore mon idéal de vie de famille régulièrement, je savais que j'avais pris la bonne décision.

Les jours suivants, j'ai vu la nature différemment. La rivière à côté de chez moi, les saules pleureurs, les chevaux, les fleurs, tout me paraissait sublime. Avant je savais que c'était beau, là je « vivais » la beauté.

Et surtout, j'ai arrêté de chialer tout le temps.

*Bon, là, j'avoue, en me relisant ça fait délire d'illuminée. Selon ma sœur, j'étais dans un état méditatif avancé (si cette version peut vous rassurer).*

# Avril : Démissionner

**Je suis épuisée.** Prof de français en collège ZEP, même à mi-temps, et humoriste le soir, trois soirs par semaine, c'est éreintant. Les soirs où j'ai mon fils, je prépare le repas pour lui et la baby-sitter, elle arrive, je prends mon train, je joue, je reviens vers 23 heures, je mange, je ne me couche pas avant une heure du matin le temps de digérer un peu et que l'adrénaline retombe, le lendemain matin je suis prof, lever 6 h 45 pour être à 8 heures pile en cours.

**Depuis deux mois,** j'arrive en retard tous les matins. De cinq ou six minutes. C'est très chiant pour les surveillants qui doivent installer les élèves dans la salle d'étude, pour rien puisque j'arrive cinq minutes après, essoufflée, m'excusant, « Désolée, désolée, ça craint, je suis désolée vraiment ». Je crois qu'ils comprennent, qu'ils sentent bien que je ne le fais pas exprès, que je gère comme je peux. J'y vais à reculons. Je n'ai plus du tout envie d'être prof. Ce qui me fait tenir, ce sont les élèves. Ils sont fatigants, mais tellement vivants, tellement à fond. À fond contents (« 16/20 ! Madame merci, c'est trop ouf ! Wallah c'est le plus beau jour de ma vie ! »), ou à fond pas contents (« 8/20 ! Sérieux j'ai trop le seum, je suis au bout de ma vie, mon daron il va me tuer ! C'est bon, demain marquez-moi absent, je serai mort ! ») Je les aime bien. (Sauf un ou deux que je déteste cordialement, soyons honnête.)

**Un soir,** je fais le bilan. Je calcule, je fais un tableau avec mes dépenses et ce que je gagnerais si j'arrêtais d'être prof. Pour mieux gagner ma vie en tant qu'humoriste, il faut que je démissionne. Pas le choix. Si je démissionne, je pourrai être intermittente. Si je démissionne vite, je pourrai être intermittente rapidement. Ma décision est prise.

**J'appelle le service des ressources humaines du rectorat** (j'apprends son existence par la même occasion), je parle au DRH, je lui explique ma situation, s'il pouvait réduire mon préavis de trois mois pour que je puisse être libérée plus rapidement, ça serait très gentil, merci beaucoup, vraiment vous m'arrangez bien, oui je vous fais une lettre, merci encore. Je rédige une belle lettre, je la prends en photo avant de l'envoyer, pour le souvenir.

**Quinze jours après,** je ne fais plus partie de l'Éducation nationale.

J'ai sauté pour de bon ;
sans parachute.
Maintenant que
c'est fait,
c'est moins vertigineux.

# Perles d'élèves

CERTIFIÉ VÉRIDIQUE

**Maths :**

Combien font 180 secondes en minutes ?

*Prof*

180 secondes ? C'est 1 minute 80 ! Oh mais non… 80, ça n'existe pas sur la longueur !

*Elève de troisième*

Monsieur, Newton, c'est celui qui a inventé Apple ? La pomme, tout ça...

*Elève de seconde*

Pourquoi vous m'avez mis zéro ? C'est dévalorisant !

*Elève de sixième*

**Français :**

Qui est Molière ?

*Prof*

Je sais ! C'est une dent !

*Elève de cinquième*

Madame, c'est à quel âge qu'on a un an ?

(OUI, SOUVENT LES QUESTIONS N'ONT RIEN À VOIR AVEC LE COURS.)

**Histoire-géo :**

Une régate, c'est une course à manger.

*Elève de sixième*

Un roturier fabrique des routes.

*Elève de quatrième*

Le communisme est ce qui concerne les gens de la commune, les informations.

*Elève de troisième*

**Sport :**

Monsieur, on va faire quoi aujourd'hui comme sport ?

Élève

Du ski.

Prof (en juin, à Paris)

Ah ouais ?!! Trop cool !

Élève

Monsieur, on va faire quoi aujourd'hui ?

Élève

Du parachute ascensionnel.

Prof

Sérieux ?? Trop cool !

Élève

**Musique :**

Qui est Rossini ?

Prof

C'est de la viande ! Le tournedos Rossini !

Elève

# Je veux le prince charmant !*

J'ai besoin d'un homme. J'avoue. Surtout deux jours avant mes règles et les dimanches soir, quand je déprime.

Pas n'importe quel mec bien sûr : c'est évidemment bien plus simple et plus reposant d'être célibataire que d'être avec un boulet. Mais quand même, j'aime les hommes. Non, pardon, pas « les ». Certains. Quelques-uns. (Un. Le mien, quand je l'aurai trouvé).

Voir « Le dico des Boulets », chapitre suivant.

**« J'aime les hommes. »** Voilà le genre de phrases génériques qui te fait passer direct pour une grosse chaudasse. Même si dans l'absolu, ce n'est pas un problème d'être une grosse chaudasse (*#NonAuSlutShaming*). D'ailleurs, c'est quoi « être une grosse chaudasse ? » Enchaîner les hommes comme des chips ? En avoir plusieurs en même temps ? En avoir un seul, mais vouloir faire l'amour tout le temps ?

C'est parfois compliqué d'être une femme : par exemple, si je parle de sexe en soirée, si je glisse une phrase comme « J'adore faire l'amour », je sens bien que je deviens immédiatement aux yeux des mecs LA GROSSE CHAUDE DU CUL *OPEN* DE OUF (avec tout le monde et tout le temps, bien entendu).

*A contrario*, si je dis à un mec : « Non merci, je n'ai pas envie, de toute façon je n'arrive pas à coucher avec un homme rapidement, j'ai besoin de bien le connaître avant », je deviens LA GROSSE COINCÉE DU CUL FRIGIDE CASSE-COUILLES.

Alors messieurs, je vous explique comment ça marche pour la plupart des femmes (en tout cas un panel assez large, composé de mes copines et moi) :

OUI, ON AIME ÇA, et si on se sent particulièrement en confiance, on peut même être aussi débridées que ma grand-tante Pierrette quand elle a bu

* Titre d'une BD d'Hélène Bruller (qui est super drôle).

ses deux litres de rhum. (⟶ C'est vrai que j'aurais pu trouver une image un peu plus sexy.).

NON, ON N'AIME PAS ÇA, si on ne se sent pas respectées. Dans ces cas-là on peut même être aussi raides et froides que ma grand-tante Pierrette quand on lui annonce qu'elle doit partir en désintox.

OUI, il y a des périodes où on croit à l'amour, parce qu'on est d'indécrottables idéalistes, tendance cucul la praline.

SAUF quand on sort d'un échec amoureux, où on décide que l'amour, c'est fini, on ne s'attache plus, plus d'histoires, plus rien, tranquille toute seule, ou alors on va se taper un maximum de mecs, tiens ! Mais que du cul ! Oui ! Du cul du cul du cul, on s'en fout, on va profiter !

Ci-dessous une illustration de cette période délicate :

J'arrête pas de chialer.
Quel connard ce mec !
Connard connard connard !

*là, c'est Tonie*

*là, c'est moi*

Encore un qui a perdu
sa paire de grelots. Bon débarras !
À dégager Connardo ! #ConnardoVaMouriro

😂

#ConardoVaMangerTesMuertos

Ah ah ah, t'es con !

J'ai fait cinq ans d'espagnol :)

Je veux aller au festival
de Cannes pour me changer les
idées et faire des contacts pour
ma boîte. Tu viens avec moi ?

C'est chaud niveau budget,
je te rappelle que je suis
une pauvre mère célibataire
et que j'économise pour
emmener mon fils en vacances
(#Cosette).

Je paye l'appart et
on descend avec ma caisse.

… OK, mais je paye l'essence
alors, et on ken tout ce qui bouge.

Ah ah ah. Sébastien,
un des comédiens qui bosse
pour moi, veut venir aussi.

Parfait. Tu le ken.

Il a pas les burnes de me
ken parce que je suis sa boss.
Je m'en fous je vais ken tout Cannes.

Toute la France.

Pourquoi se limiter
aux frontières ? Kenons l'Europe !

Ah ah ah, on dirait des divorcés
bedonnants de 55 ans. Si tu relis
nos SMS on dit dix mille fois le mot « ken ».

😂😂😂😂😂

**Finalement, j'ai pas ken, et Tonie non plus.**

# Le dico des Boulets

**Nous faisons actuellement face** à un phénomène inquiétant et récurrent, la *burnelessness.* (Concept angliciste issu de l'adjectif *burneless*, en français « sans paire de grelots »).

La *burnelessness* est personnifiée par les Boulets (on mettra une majuscule à « boulet », car on parle ici de l'individu étudié en tant que spécimen spécifique sévissant dans notre paysage sentimental.)

Si cette phrase est étudiée en cours de français – et pourquoi pas ? –, n'oublie pas de repérer l'allitération en [-s], c'est ce que ta prof attend. L'effet produit par la répétition de cette consonne, outre de rythmer la phrase, est de souligner que la narratrice en a complètement ras-les-macarons des trouducs en tout genre.

**Qui est le Boulet ?** C'est un homme avec qui tu tentes de commencer une histoire, sauf qu'il fait n'importe quoi. Il ne sait pas trop ce qu'il veut, il ne fait aucun effort... bref, inutile de tergiverser : c'est un Boulet, tout simplement (ou un trouduc, un trou de balle, un pignouf… on parle du même). Oui, c'est difficile à accepter, parce que nous, au fond, on veut y CROIRE. Sauf que parfois on a un peu trop la foi. On peut même être très très fortes pour ne pas admettre qu'on est tombées sur un trouduc et lui trouver tout un tas d'excuses :

- Il est indépendant.
- Il ne sait pas communiquer.
- Il a souffert avec son ex.
- Il est accro et il ne veut pas le montrer.
- Il est maladroit.
- Il a besoin de temps.
- Il est préoccupé par son boulot.

- Il n'est pas très téléphone.

- On lui a volé son téléphone, il s'est fait enlever, son chat est malade, il a mal dormi, il s'est cassé un ongle…

**STOP.**
**IL S'EN BAT LES STEAKS, POINT FINAL.**

→ **Personnellement,** j'ai été jusqu'à imaginer que mon mec avait le syndrome d'Asperger et que c'est pour ça qu'il communiquait différemment. Oui, je sais.

**J'ai donc décidé** de cesser le déni et de rassembler ma petite expérience et celle de mes copines dans ce petit dico, très utile pour t'y retrouver en cas de mauvaise expérience, et réaliser que non, tu n'es pas seule. (En plus, identifier et classer un Boulet, ça aide à passer à autre chose, à dire « *Next* », « Hop, à dégager ».)

*Nota bene* : le Boulet peut aussi être une Boulette, si tu es un homme (ou une fille qui aime les filles).

## A L'Américanisé (des effets néfastes de la mondialisation)

Tu sors avec lui, mais tu n'es pas sûre. Je m'explique : tu ne sais pas si vous êtes un couple.

Il y a quinze ans, tu sortais avec un mec, vous étiez en couple, point. Un couple de deux jours, mais un couple.

Aujourd'hui, de plus en plus d'hommes fonctionnent comme dans les pays anglo-saxons. Plusieurs « *dates* » en même temps, c'est-à-dire plusieurs femmes, et au bout d'un moment, il y a « *the talk* », la conversation pour savoir si vous devenez « exclusifs ».

En gros, tu te retrouves à demander au mec avec qui tu couches depuis quatre mois : « Au fait, on est en couple ou pas ? »

## B Le gros bébé

Il a 20 ans, 30 ans, 40 ans, 70 ans… peu importe, il est resté un enfant dans sa tête.

Pour commencer, il te drague comme un enfant ; en gros il te dit : « J'ai déjà une amoureuse, tu voudrais être ma deuxième amoureuse ? » Bon, comme il est moins innocent et sincère qu'un enfant, en vrai il te dit qu'avec sa copine (ou sa femme) ça ne va plus, ils vont rompre, ils sont en cours de rupture, c'est imminent, mais il ne veut pas lui faire de mal, parce qu'il est gentil.

Ensuite, quand vous êtes en couple, il joue beaucoup avec ses copains. Ils vont boire des bières et il rentre très tard, souvent. Parfois, comme il est trop tard, il dort chez une copine (« Mais oh, ça va, c'est comme ma sœur ! Et en plus elle est lesbienne ») (Après enquête tu découvriras qu'en réalité, elle est bi),

Enfin, il ne rompt pas avec toi (il ne veut pas te faire de mal, il est gentil), mais il est soudain très très occupé par son boulot. Si tu n'as pas l'âme d'une maman-éducatrice-cocue, hop ! À dégager.

## E L'Égocentrique-narcissique

Son compte Instagram est constitué uniquement de photos de lui torse nu, de lui en costume, de lui à la salle de sport, de lui en soirée avec des copines, de lui dans une piscine… de LUI. Lui, le beau-gosse-bronzé-musclé-je-me-kiffe-je-suis-beau.

Il sait à peine quel métier tu fais. Il peut se passer une semaine sans qu'il sache ce que tu as fait de tes journées, parce qu'il ne te l'a pas demandé. Il fait tout le temps des pizzas et des pâtes alors que tu lui as dit quinze fois que tu étais allergique au gluten.

Quand tu lui dis que tu as été blessée par son comportement de la veille, il répond : « Mon Dieu, je suis choqué par tes propos, ça me fait mal », au point que tu oublies qu'à la base, c'est TOI qui est vexée, pas LUI, et tu te retrouves à le CONSOLER.

## G Le Ghosteur

C'est celui qui couche avec toi (une ou plusieurs fois) et un jour, magie… il disparaît. Il ne répond plus à tes appels, plus à tes SMS. Tu te demandes presque s'il a réellement existé.

## Le « Gros boulard »

Il se dit surdoué, il parle de musées et te fait un cours sur un tableau que tu n'as pas vu ; il écrit des poèmes qu'il te lit d'un air supérieur (alors que tu les trouves assez nuls) et, grand seigneur, il te dit : « Si tu veux, je connais une nana dans l'édition, ça pourrait t'aider. » Euh… mec, c'est MOI qui pourrais t'aider. Vu que je suis déjà publiée, et que toi non.

Le genre de mec qui te fait croire que tu es une quiche, alors qu'en réalité tu le domines complètement intellectuellement (mais tu la ramènes moins).

# H

## Le Harceleur

C'est celui qui envahit ton espace directement, sans frapper. Il t'envoie cinquante SMS par jour, mignons, mais TROP.

# J

## Le « Je ne sais pas ce que je veux »

Il ne sait pas trop s'il veut aller au cinéma, en week-end, il ne sait pas trop s'il veut te présenter ses potes, il ne sait pas trop s'il veut s'engager plus avec toi… Au bout d'un moment, tu sais pour lui. *Next.*

## Le Joueur

Au bout de deux soirs, il te dit : « Quelle rencontre », « C'est dingue, j'ai déjà envie de te dire que je t'aime », « Il se passe un truc de ouf entre nous »… Et après le quatrième soir, t'as plus de nouvelles. Le Ghosteur, version sadique.

# M

## La Mi-molette

Il est doté du combo micropénis/mi-molle (pas de pot).

Son comportement est caractéristique : quand il enlève son caleçon, il fait comme si tout était normal. Et pour ne pas le « castrer », tu fais toi aussi comme si tout était normal, alors que tu ne sais pas trop comment gérer sa Knacki Ball un peu trop cuite. La solution : soit être très amoureuse, soit pratiquer le sexe empathique*.

*Sexe empathique : faire l'amour alors que tu as moyennement envie, mais bon, il est vraiment gentil, et tu sais que ça va lui redonner confiance, illuminer sa journée, voire son année, voire sa vie.

## Le Mystérieux

Tu ne sais pas vraiment ce qu'il fait de ses journées, ce qu'il pense, ce qu'il aime, qui il est. En fait, tu ne sais rien. Trop de mystère tue le mystère. *Next.*

## Le Mythomane

Il a fait le tour du monde, il va monter une boîte de com et ça va cartonner, il connaît Brad Pitt, Bill Gates c'est son oncle et Marilyn Monroe sa mère. Bref, si tu as envie d'écrire un roman, reste avec lui, sinon… *Next.*

# O

## L'Obsédé du cul

Il adore le sexe, regarde des films pour adultes, en parle beaucoup, est adepte du couple libre, veut faire l'amour trois fois par jour, tous les jours, sinon il est frustré, il parle de cul tout le temps, fait des blagues de cul, achète des magazines de cul… Bref, pour toi c'est l'overdose de cul et tu as des envies soudaines de poésie, de musées, de musique classique, de marbre, de cerisiers en fleurs.

## L'Orateur

Il sait parler. Très bien. Il te fait de grandes promesses (« Ce soir, prépare-toi, je t'emmène manger dans un restaurant de dingue », « Ce week-end, libère-toi, on part à Rome »), mais oh pas de chance, il a un empêchement au dernier moment (un dossier qui vient de tomber, il a mal au pied, sa mère a un rhume– « Tu comprends, on peut pas partir en sachant ça, la pauvre »). Il fait aussi très vite de grandes déclarations comme dans les comédies romantiques : « J'ai envie de me réveiller tous les matins à tes côtés », « Je crois que je n'ai plus à chercher la femme de ma vie », blablablabla... *Astuce* : regarder ses ACTES. Le mec équilibré (ou presque) parlera moins, mais fera plus.

## Le Oui-Oui

Il ne sait pas dire non. Parce qu'il ne veut pas vexer. Gênant quand il doit partir en séminaire avec ses cinq copines-collègues célibataires tout un week-end.

# P

## Le Passif

Il est gentil, mais il attend. Il n'ose pas t'inviter au restaurant, il n'ose pas te ramener devant chez toi, il n'ose pas te proposer de sortie. Et quand tu te barres, il n'ose pas tenter quoi que ce soit pour te récupérer.

## Le Pervers narcissique

Le fameux « PN ». En gros un manipulateur qui a besoin de ton énergie, de ta bonne humeur et de ta capacité à te remettre en cause.

Avec lui, tu te sens mal. Mais comme il y a plein d'éléments positifs aussi, tu te dis que ça va passer, et que c'est normal que tout ne soit pas parfait.

Sa façon de communiquer est toujours floue (« Je suis en forme, mais fatigué »), il se contredit (« Hier j'ai dit que j'aimais la salade, oui, mais aujourd'hui je déteste »), il est de mauvaise foi (« Non, je n'ai jamais dit ça, tu as mal compris »), il se fait passer pour une victime (« Tu es méchante avec moi »). Il te fait des petites remarques mine de rien, très subtiles, qui sapent ta confiance en toi (« Je trouve que tu devrais mettre cette robe, l'autre te boudine un peu »).

Bref, tu ressors épuisée de cette relation. Oui, parce que tu en ressors. Comment ? En te barrant VITE FAIT. Pas facile, tu vas regretter, te dire que quand même, c'était bien parfois, qu'en insistant ou en s'expliquant mieux ça aurait marché, blabla, mais non, si tu as eu envie de te barrer, c'est qu'il y a une raison. Et globalement, tu te sens MIEUX.

## Le Phobique de l'engagement

Il est toujours très occupé, répond aux SMS quarante-huit heures après, au-cas-où-si-jamais-tu-t'imaginerais-qu'il voudrait s'engager. Il peut te voir, mais une fois par semaine maximum, puisqu'il est occupé à ne rien faire. Il a plusieurs téléphones dernier cri, mais « il n'est pas téléphone » (= fais pas chier).

Alors petit message à toi, le phobique du couple et de l'engagement : DÉTENDS-TOI. Nous non plus on ne veut pas se marier avec toi, on ne te connaît pas assez, on veut juste du respect, et le respect, ça ne t'engage pas, ça t'évite juste d'être un trou de balle.

## Q Le Queutard

Il a plusieurs nanas en même temps et passe son temps à en draguer d'autres au-cas-où-si-jamais avec ses trois plans actuels – dont toi –, ça ne marchait pas. (Oh et comme c'est bizarre, ça ne marche pas.)

Son terrain de chasse : Tinder, Happn, Adopte un mec, Attractive World, Facebook, Twitter, Instragram, Snapchat, la boulangerie, le supermarché, la rue, partout.

Sa tactique : se faire passer pour un mec gentil tout plein et pas sûr de lui. Liker sur Instagram les photos de nanas en string dans des poses lascives dans des piscines*, mais aussi des plus intellos (il ratisse large) et poster sur son profil des photos sexy, mais aussi mignonnes (un tableau dans un musée, un livre compliqué à lire, mais « tellement profond », un paysage « bouleversant ») qui le font passer pour un beau gosse romantique sensible et intelligent.

(**Parenthèse :* Oui, je pense à Emily Ratamachin. Je suis désolée, mais elle ABUSE. J'ai envie de la baffer. Je sais, c'est méchant, mais elle avec ses seins parfaits et sa bouche ultrapulpeuse, elle m'énerve, elle m'énerve, elle m'énerve. En plus quand elle pose, on dirait qu'elle est en pleine ovulation et droguée au GHB, et qu'elle va tourner un film de boules derrière (je sais, je fais du *slut-shaming* en ce qui concerne Emily Ratatruc, non je ne suis pas jalouse, ça va, moi aussi avec un bon make-up et une bonne lumière je peux le faire, hein).)

Argument par excellence de la meuf jalouse.

## Le « Qui s'en fout »

Le mec te demande par SMS comment s'est passée ta journée, tu réponds en rédigeant trente lignes drôles et bien tournées pour qu'il te trouve spirituelle, à la fin tu lui demandes comment était sa journée à lui, et il répond : 👍

# R Le Radin

Il ne t'invite jamais au resto ou au ciné, quand il t'invite chez lui, il te sert une feuille de salade et un radis, il ne te ramène pas chez toi en voiture parce que l'essence, ça coûte cher, pour ton anniversaire il a « failli » te payer ce super week-end à Venise, mais en fait non (lui en revanche il se paye une montre à cinq cents euros) et quand tu prends ta douche, au bout de deux minutes il te demande si tout va bien (parce que l'eau, ça coûte cher). Un radin, c'est un homme qui ne donne pas. Pas d'argent, mais surtout pas de temps, pas d'attention, rien. *Next.*

## La Re-sta

Il est connu (chanteur, acteur, humoriste, politique...), il a l'air du parfait gentleman, limite coincé, mais en vrai il couche avec tout ce qui frétille. (Bien sûr, il a une copine/femme officielle). Malheur à celle qui oserait dire non. (Non mais pour qui se prend-elle cette morue ?)

# S Le Stratège

Il attend toujours quatre heures minimum avant de répondre à un SMS, voire un ou deux jours, pour se faire désirer. Ou alors il quitte la conversation en plein milieu.

Soit on a affaire à un mec pas assez sûr de lui, soit pas assez mûr pour assumer qu'on lui plaît (tout simplement), soit pas assez courageux pour nous dire qu'on lui plaît pas (tout simplement).

## T Le Torturé dépressif

Il a beaucoup souffert. À cause de son ex, à cause de ses parents qui ont divorcé, à cause de son père à qui il n'a jamais vraiment parlé, à cause de son poisson rouge Rico qui est mort quand il avait 5 ans… il est content de se confier à toi, il se sent tellement bien avec toi, tiens si on faisait l'amour ? Et hop ! Tu te retrouves ni une ni deux en infirmière-plan-cul. Ou infirmière pour la vie. Mais en infirmière dans tous les cas. Ma mère te dirait « Dégage-moi tout ça ».

## V Le Vieux garçon

C'est un papy dans le corps d'un homme jeune. Il boit des tisanes, il n'aime pas les soirées car il y a trop de bruit, il écoute du Pierre Bachelet et il plie bien ses vêtements avant de faire l'amour. À 20 ans, il était déjà vieux.

### COMMENT AGIR FACE À UN BOULET ?

En disant, au bout de quelques rencontres, si on sent que ça en vaut peut-être la peine quand même, ce dont on a besoin dans une relation pour être bien.

S'il en tient compte, l'espoir renaît, on y croit, on tente.

Si le mec n'en tient aucun compte, *next* : sinon, on se sent aussi valorisée qu'une fiente de pigeon sur un vieux tracteur oublié au fond d'une grange en Sibérie. On prend son petit baluchon, son courage, sa dignité et on reprend sa route, parce qu'on mérite mieux.

# COMMENT ROMPRE AVEC UN BOULET :

## Méthode de « l'arroseur arrosé » :

On laisse la relation se dégrader lentement, en ne faisant aucun effort non plus. Parce que si on rompt, c'est nous qui faisons tout le boulot. Donc, on attend. On arrête de s'épiler, on voit ses copines, on vit sa vie et on attend qu'il dise de lui-même : « Euh… ça marche plus trop, là... »

On dit « Oui, c'est vrai », on le remercie d'avoir eu le courage de parler, et on part bons amis.

## Méthode du « sauve-qui-peut » :

C'est un PN, un mec toxique pour soi… on se barre gentiment. En lui faisant croire si possible que c'est lui qui rompt, comme ça il n'a pas envie de se venger.

## Méthode de ma grand-mère :

On lui envoie une lettre par la poste. Pour pousser le vice, on brûle les bords avec un briquet pour un effet « vieux manuscrit ».

## Méthode de ma petite cousine de 15 ans :

On lui envoie un SMS : C fini.

## Méthode « bitchy bitch » :

On poste sur Instagram la photo d'un sac-poubelle sur le palier de notre appartement avec en commentaire : « Julien, c'est quand tu veux pour récupérer tes petites affaires. Enfin, tes petites cendres. »

## Méthode du « miroir miroir » (à employer en cas de gros boulet) :

On fait la morte. Silence radio. Puis on utilise des excuses type boulet : « Mon portable était déchargé », « Je me suis endormie », « J'ai trop de boulot », « Mon portable déconne », « J'ai rien reçu, c'est bizarre », « J'avais piscine », « J'avais poney »...

Tout ça pour faire de la place à un mec cool, gentil, gentleman, qui te respecte, qui prend le temps de te connaître, avec qui tu te sens valorisée et respectée. Si, ça existe. Ou alors pour être heureuse célibataire. Si, ça existe.

# 4 décembre : Je m'affirme, donc je suis.

**Le mois dernier,** en pesant mon sachet de pommes belchard au supermarché, j'ai réalisé que je ne les aimais pas, ces pommes. Non, j'aime les golden, les granny, les reinette... pas les belchard. Ce sont mes parents qui les aiment. Pour eux, c'est indiscutablement la meilleure des pommes.

**Le choc. La révélation.**

Je suis juste une gentille fille qui veut faire plaisir. Je ne sais même pas ce que j'aime vraiment. Je ne sais même pas qui je suis.

**Je vais chez ma psy.** Elle m'ouvre, pétillante et rayonnante comme d'habitude, même quand elle a l'air fatiguée. Je ne sais pas comment elle fait pour être si disponible pour les gens, on dirait qu'elle n'a que moi comme patiente. Elle a refait sa couleur, blond, plus clair que d'habitude. Je lui dis que c'est joli, elle dit « oui c'est très très blond là quand même, hein ».

**Elle est belle, drôle, empathique, très vivante.** Sans elle, je pense que je serais passée à côté de moi et de ma vie. Je le pense sincèrement. En plus je me dis que quand elle lira ces lignes, elle sera contente, et donc encline à me faire cadeau des deux prochaines séances (trois ?).

Et je lui fais part de mon aventure pommesque.

Jusqu'à présent, j'ai fait plein d'efforts pour être gentille, acceptée, aimée.

**MOI** – Par exemple, avec l'ExHommeDeMaVie, je me demande si je ne suis pas trop gentille. Je le laisse m'imposer plein de choses, et en plus c'est moi qui passe pour la méchante, à cause de ma grande bouche.

**SUPER PSY** – Et il va se passer quoi si vous lui dites quand vous n'êtes pas d'accord ?

**MOI** – On va aller au conflit.

**SUPER PSY** – Et alors ?

**MOI** – Je n'aime pas ça.

**SUPER PSY** – Mais il faut aller au conflit parfois.

**MOI** – Je ne veux pas de conflit, pour mon fils.

**SUPER PSY** – Essayez de juste dire ce qui ne vous plaît pas, pour voir.

**J'ai essayé.** Il ne s'est rien passé de particulier, il s'est juste adapté. J'ai essayé une autre fois, on a été en conflit, mais j'ai tenu bon jusqu'au bout. Je me suis sentie tellement bien d'avoir su poser mes limites. Dorénavant, il SAVAIT.

Être juste gentille, c'est être floue.

Depuis que je pose mon « Ça non, je n'aime pas » (et « Ça j'aime »), à mes parents, mes mecs, les gens, on m'écoute. Magique.

**SUPER PSY** – Est-ce que depuis que vous vous positionnez, les gens vous aiment moins ?

**MOI** – Non. Je suis juste davantage respectée. C'est dingue. Si j'avais su !

**Je me suis mise à dire « non » tout le temps,** pour tester mes nouveaux pouvoirs magiques :

« Non, il ne me plaît pas » dans le magasin de fringues quand la vendeuse me poussait à prendre ce jean qui me faisait des fesses moches.

« Pas trop, vous pouvez recouper un peu, s'il vous plaît ? » quand la coiffeuse m'a demandé si j'aimais ma coupe.

« Non, cette relation ne me convient pas », si je ne suis pas heureuse avec un homme.

« Non mon chéri, Maman ne va pas t'acheter de jouet, et oui, je suis méchante et tu n'as pas de chance d'avoir une mère aussi horrible. »

De temps en temps, je rechute, je dis que mon brushing est super et je me relave les cheveux en arrivant chez moi.

## TRUCS ET ASTUCES POUR CESSER D'ÊTRE TROP GENTILLE :

*Chez le coiffeur :* se préparer en amont. Se motiver avant pour se dire qu'on va dire « Je n'aime pas trop » si on n'aime pas trop.

*En couple* : il ne fait aucun effort, avec lui tu te sens aussi importante que son rouleau de papier toilette ? Dis-lui ce dont tu as besoin pour te sentir bien, il est peut-être juste à côté de la plaque (ou alors il s'en fout, et au moins tu seras au courant).

*Au boulot :* dire « Non je suis au max, là je peux pas fournir plus ». Si t'es un puits sans fond, ça s'arrêtera jamais (oui, l'être humain a tendance à abuser).

Et tout ça, dans la bonne humeur, pas besoin d'être agressive, tu exprimes juste un besoin personnel. Et si jamais un trouduc ou une trouduc va trop loin et qu'il faut passer en mode offensif, tu as LA phrase magique, création de ma sœur, formatrice free-lance en yoga-méditation bien-être pour les entreprises, agréée par le CNRS :

**« Je suis sympa, ouverte, patiente, mais quand on cherche à m'emmerder, je peux être une vraie salope »**

(à dire d'un air convaincu).

### AUTRES VERSIONS PLUS SOFT SI TU AS PEUR DE NE PAS ASSUMER :

*Version neutre :* « Je suis patiente, mais quand on cherche à me nuire, je me défends très bien. »

*Version littéraire :* « Je suis patiente, mais là il faut cesser rapidement vos sournoiseries. »

*Version « wesh frère » :* « Tu me casses les ovaires là, t'arrête en balle tes bails chelous. »

*Version Ballacron (contraction de Balladur/Macron) :* « Vos paroles, c'est de la poudre de perlimpinpin. Je vous demande de vous arrêter. »

Bref,

**be cool, but be a bitch too.**

# Les hommes et le sexe

Tableau pratique récapitulatif (non exhaustif), d'après mon expérience et celle de mes copines :

| | Les plus | Les moins |
|---|---|---|
| Le prof de natation | Il est gaulé de la mort. | Il sent le chlore. |
| L'étranger | Son petit accent italien est sexyyyyy. | Dommage s'il est Belge, Suisse ou Québécois. |
| Le vieux | Il SAIT. | Tu ne peux pas toujours l'attraper par les cheveux. |
| Le voisin canon | Il est beau, classe, gentil, drôle, serviable, sensuel, sexy, fin. | Il est gay. |
| Le geek | Il répare ton ordinateur. | Il n'a pas fait l'amour depuis douze ans. Il est donc très sensible au toucher et peu sûr de lui (attention sexe empathique en vue). |

| | Les plus | Les moins |
|---|---|---|
| Le phallophile | Il te fait l'amour comme si sa vie en dépendait. | Il est démesurément fier de son phallus. Au moment de faire l'amour, il ménage une sorte de suspense, puis il déballe son paquet comme un trésor (tu entends presque : « Tadaaaa »). |
| L'expert | Il a mis le préservatif sans que tu t'en rendes compte et il l'enlève de la même manière. Magie ! | Il a couché avec 57 890 femmes, et tu n'es pas la dernière. |
| Le patriote | Il achète français pour soutenir les entrepreneurs français. | Il crie « Vive la France ! » au moment de la libération de sa semence. |
| Le dépressif | Il est sensible. | Pendant qu'il te fait l'amour, il chiale et t'appelle par le prénom de son ex. |
| Le jeune | Il est très tonique, tout le temps prêt. | Il se croit dans un film de pétanque et te retourne toutes les trente secondes. |

# L'art du débrief SMS

**Comprendre les hommes,** tout un programme. Leurs SMS, encore plus. « Il a dit ça, tu crois que ça veut dire quoi ? »

*Que celle qui n'a jamais fait une capture d'écran de SMS pour demander l'avis de ses copines me jette la première pierre.*

**Oui, la vie amoureuse,** que tu sois riche, pauvre, vieux, jeune, c'est LA préoccupation. J'ai lu quelque part que des psychologues affectés dans des camps de réfugiés ont constaté que le sujet de plainte numéro un des gens, même dans ce cas de situation précaire, ce n'était pas la nourriture ou le logement, mais l'amour. L'amour, c'est vital.

**Je ne vis pas dans un camp de réfugiés,** j'ai donc tout le temps de m'occuper l'esprit avec mes relations amoureuses, y compris dans ses détails les plus superficiels (comme décrypter des SMS, parce que bien sûr je n'ai que ça à faire).

**Pourtant** je sais ce que je veux dans une relation (me sentir bien, respectée, choyée, aimée). Je sais rebondir en cas de rupture. Je sais prendre des décisions s'il le faut. J'avance, je fonce même. (*Nuance :* je fonce, mais APRÈS consultation de ma sœur, Caro, Marc, Paula, Tonie, ma voisine, la boulangère ; et après je me dis « Mais pourquoi tu fais ça ? »).

**Je demande mille avis donc.** Et ce qui est cool, c'est que mes copines sont toutes raccord :

*là, c'est moi*

Coucou, Julien ne fait vraiment pas des masses d'efforts, il s'en fout, ça me saoule, je pense le quitter, enfin je ne sais pas, j'attends encore un peu ou je largue tout ça ?

**Tonie**
Mais oui, largue-le tu mérites mieux ma Vava, s'il a pas déjà vu que t'étais géniale, c'est un con.

*là, j'ai les boules et je me dis qu'elle a raison.*

**Caro**
Hey, détends-toi, ça ne fait que
deux mois que vous êtes ensemble, prends ton temps.

là, je suis soulagée et je me dis qu'elle a raison.

**Paula**
Ce n'est pas très engageant,
effectivement, s'il ne fait aucun effort
dès le début.

là, j'ai re les boules et je me dis qu'elle a raison.

**Marie**
C'est un pervers narcissique,
barre-toi vite.

là je me dis « protège-toi », elle a raison.

**Marc**
Laisse-lui le temps,
il est lent, il va se réveiller. T'es trop
une star, un jour tu vas exploser.

je suis re soulagée et je me dis qu'il a raison.

**Psy**
Allez le voir et parlez-lui !

je me dis « elle a raison », et je prépare par écrit ce que je dois dire.

PUIS je fais valider mon SMS par :

**Tonie**
Oui, c'est super, vas-y dis-lui ça.

COOL

**Caro**
Vas-y mollo, hein, ça fait que deux mois.

MOYEN COOL.

**Paula**
T'y vas trop fort là.

PAS COOL.

**Marie**
C'est parfait.

RE COOL

**Marc**
Ne fais rien, de toute façon t'es trop une bombe, t'es trop une star.

SUPER COOL

**Psy**
Je suis en vacances, de retour le 15.

PAS COOL DU TOUT

# Les Trucs que Tu ne devrais pas faire,

## mais que Tu fais quand même,

*TOME 2*

- [ ] Rester polie avec le serveur qui te parle comme à une crotte de chien.

- [ ] Porter des talons de dix centimètres pour aller danser (et oublier d'emmener des pansements).

- [ ] Mettre trente minutes à choisir tes sous-vêtements avant d'aller chez l'ostéopathe, pour qu'ils ne soient « ni trop sexy, ni trop moches ».

- [ ] Écouter *Hallelujah* ou *Je suis malade* quand t'es déprimée.

- [ ] Aller voir le profil Instagram ou Facebook de ton ex.

- [ ] Te la jouer « Je te préviens je ne veux pas m'engager, on se prend pas la tête » avec ton nouveau mec, et après regretter parce qu'au fond tu veux te marier.

- [ ] Accepter un second rendez-vous alors que le premier était nul (pour être sûre que c'était bien pourri).

- [ ] Mettre une combinaison le soir où tu bois de la bière.

- [ ] Compter depuis combien d'années tu as passé le bac.

- [ ] Mettre une crème indice 10 pour rentrer bronzée, et peler trois jours après.

# L'espoir fait vivre

## (LES TAROTS, L'HOROSCOPE, MARC, VICTOR, MA PSY...)

**La vie d'artiste,** c'est un peu l'exact opposé de celle de prof :

⟶ **Ton salaire** passe de « fixe » à « ça tombe n'importe quand ».
⟶ **Ton emploi du temps** passe de « fixe » à « ça change tout le temps ».
⟶ **Ton couple** passe de « comment casser la routine ? » à « quand est-ce qu'on se pose un peu ? ».
⟶ **Ta vie de maman** ce n'est plus « il faut que je trouve une baby-sitter pour la soirée de Paula dans deux mois », mais « il faut que je le fasse garder demain soir, je vais appeler Juliette, si elle ne peut pas, Cassandra, sinon Marc, sinon Oriane, sinon Harrison » (tu as tout un cheptel).
⟶ **Ton fils** passe de : « Mamann, lâche-moi », à « Mamann, lâche-moi » (hin hin… eh oui je suis toujours autant sur son dos).

**Nécessaire à ce changement de vie :** une bonne dose de souplesse, pour gérer un emploi du temps irrégulier, les projets qui tombent au dernier moment, les moments de gloire, de *loose*, de doute.

Je ne sais pas si c'est lié à mon caractère ou à la vie d'artiste, ou aux deux, mais j'alterne les moments « je suis la reine du monde » avec les moments « je suis une merde, j'arrête tout ». Oui, parfois, j'ai envie de tout abandonner. Parce que c'est trop dur, parce que je suis fatiguée de devoir me battre tout le temps, parce que les gens sont hypocrites et méchants, parce que ça ne va pas assez vite…

Je sais bien que je ne vais jamais abandonner, mais dans ces moments-là j'ai des envies de boulot pépère, avec des horaires normaux, une paye fixe, une vie sociale normale et pas de remise en question existentielle tous les trois jours.

**Ces moments de doute se passent toujours de la même façon :**

1) **J'appelle Victor, mon metteur en scène,** qui me dit : « Ah bon, tu doutes toi ? C'est bizarre, parce que nous, les gens doués, on ne doute jamais, tout roule tout le temps, et tout le monde nous dit toujours oui. » Je ris car il a raison, il me rappelle que c'est normal de douter, que les vrais imposteurs ne doutent pas, eux, que ça va le faire. Victor fait ce métier depuis vingt-cinq ans et il en a toujours vécu, donc ça me rassure. Je me dis que j'ai de la chance de l'avoir rencontré.

2) **Je prends rendez-vous chez ma psy**, il y a un créneau libre dans trois semaines (et bien entendu trois semaines plus tard je péterai la forme). Si ça ne va vraiment pas je lui envoie un mail qui détaille le contenu de mes problèmes, et souvent elle me répond tout un mail et à la fin « travaillez, écrivez, créez ».

3) **Je me mets donc au boulot.** Mais avant je vais sur Internet tirer les tarots « vite fait ». Je n'y crois pas, mais ON NE SAIT JAMAIS. Je fais plusieurs tirages sur plusieurs sites, avec des résultats qui se contredisent, et j'arrête quand les tarots me prédisent que tout va cartonner, que je vais devenir riche, célèbre et rencontrer un homme génial, gentil, drôle, bienveillant, mûr, intelligent, classe, sexy. Là je me dis : « Ah oui, c'est ça qui va m'arriver, exactement, super ce site ! »

4) **Je vais aussi sur Facebook et Instagram** me comparer à toutes les autres comédiennes et humoristes qui ont l'air d'avoir un succès fou, et c'est une super idée car après je me sens encore plus nulle.

5) **Je vais ensuite faire un tour sur les vidéos de coachs en développement personnel,** et le monsieur dit bien qu'il ne faut PAS se comparer aux autres, parce qu'on est tous uniques, chacun son chemin (et pierre qui roule n'amasse pas mousse, et un tien vaut mieux que deux tu l'auras).

6) **Je jette un œil sur mon horoscope** du jour, du mois, de l'année, et je vérifie si mon signe est compatible avec celui de mon mec actuel (si j'en ai un), sinon avec quels signes ça matche le mieux (comme si j'allais en tenir compte : « Ah, tu es poisson ? Aïe. Dommage, tu es super et on s'entend à merveille, mais ça va pas le faire. »).

**7) Et enfin, j'appelle Marc.** Mon copain gourou-voyant. Il me voit comme une star depuis le jour où il m'a rencontrée. Il en est sûr, un jour, je roulerai en Bentley et j'aurai un appartement avenue Foch.

Je ne vois pas comment c'est possible, vu que je préfère les Jaguar et que le XVI^e^ arrondissement je trouve ça mort et excentré. Et surtout, vu de mon vingt-huit mètres carrés et de ma Twingo pourrie, tout cela me paraît bien fantasmagorique.

**Il me dit :** « Ah, mais continue à douter, c'est charmant. Même quand tu seras au firmament tu n'y croiras pas. » (Oui, il utilise toujours des expressions totalement hyperboliques, « firmament », « irradier »…) Je lui dis que c'est n'importe quoi, il se fâche, c'est comme ça, il voit des choses pour certaines personnes, il n'y peut rien.

Donc quand j'ai un moment de doute, je l'appelle pour qu'il me confirme que oui, ça va marcher, ça va être dingue, je vais être riche. L'argent ne m'intéresse pas (assez), mais j'avoue que ces années de disette à compter le moindre euro m'ont fatiguée, et certains jours j'ai envie de nager dans l'opulence, juste pour voir. Pour pouvoir partir en vacances aux Seychelles sur un coup de tête, sans économiser (pour le moment même en économisant ce n'est pas possible. Toujours un truc pour venir contrecarrer mes plans : la batterie de la voiture qui plante, la CAF qui me dit que je lui dois de l'argent car j'ai un trop-perçu, ces escarpins sublimes qui vont avec tout).

Dans les moments de doute,
je suis la cliente idéale
de tous les outils de
« développement personnel ».

# Le développement personnel

**C'est tendance.** Livres, magazines, stages… les gens veulent se sentir mieux. Être une meilleure version d'eux-mêmes. Moi aussi.

**Je squatte donc les rayons** « Développement personnel » des librairies, et j'achète des ouvrages du type *Comment lâcher prise en dix jours*, *Réussir sa vie en se levant à 5 heures du matin*, *Le couple c'est simple, il faut communiquer*, *Éduquer son enfant sans lui crier dessus quand il n'écoute rien.*

**Je recopie** des citations inspirantes sur des Post-it, que je colle sur mon miroir de salle de bains et dans ma cuisine :

« N'aie pas peur de perdre les gens, aie peur de te perdre en essayant de plaire à tout le monde. »

« Les rencontres ne sont jamais des accidents. »

ENFIN, ON SE SERAIT BIEN PASSÉ DU DERNIER PERVERS NARCISSIQUE QUI A CROISÉ NOTRE ROUTE.

« Sors avec quelqu'un qui est un refuge et une aventure en même temps. »

BEN SI TU AS TROUVÉ, GARDE-LE.

À LIRE TES VEILLES D'ANNIVERSAIRE ET LES FOIS OÙ TU PENSES À LA CHIRURGIE ESTHÉTIQUE.

« Ne regrette pas de vieillir. C'est un privilège refusé à beaucoup. »

« C'est la répétition d'affirmations qui mène à la croyance. Quand ce que tu crois devient une conviction profonde, alors les choses commencent à se réaliser. »
(Mohamed Ali)

JE ME RÉPÈTE QUE J'AI DES GROS SEINS DEPUIS 15 ANS. ÇA MARCHE PAS, MOHAMED.

« Je suis le plus grand, je l'ai dit même avant de savoir que je l'étais. »
(Mohamed Ali, encore)

FAUT QUAND MÊME ÊTRE SÛRE D'ASSURER DERRIÈRE, HEIN.

METTEZ-VOUS D'ACCORD, JE SUIS PAUMÉE LÀ.

« Il faut anticiper » (mon père)

et « Il faut vivre le moment présent » (ma sœur).

« Certaines personne ne sont pas qui elles prétendent être. »

GENRE MOI EN DÉBUT DE RELATION AMOUREUSE (ÉPILÉE, GOMMÉE ET CRÉMÉE DE PRÈS).

OUI JE SUIS CHIANTE
ET ALORS ?!

## « Arrêtez de vous excuser d'être ce que vous êtes. »

**Moi c'est simple,** dans la vie je veux avancer sur un plan professionnel, et trouver un mec bien, qui me correspond. Comme sur le plan personnel je ne peux pas maîtriser grand-chose (et puis « quand on cherche, on ne trouve pas », je bosse le côté vie professionnelle.

Ah bah je veux tout en gros.

enfin si, des Boulets

**Le problème,** c'est qu'au bout d'un moment, je me suis rendu compte que je passais plus de temps à lire des livres pour me motiver à bosser qu'à bosser.

**J'ai lu** *Miracle Morning*, le best-seller américain. Le miracle en gros c'est de décider que dormir cinq à six heures par nuit, c'est bon, il suffit de dire à ton cerveau avant de dormir « je vais dormir six heures et ça me suffit largement pour être au top demain », et comme ça tu as plein de temps pour travailler (vu que tu ne dors plus trop). Je l'ai fait, j'ai beaucoup avancé, grosse efficacité, j'étais ultramotivée, et au bout de six mois, mon corps a dit « *fuck* » et je suis restée dix jours au lit sans pouvoir me lever (c'est là que mon père est venu). Donc prendre des idées, OUI, mais ne pas assez dormir, NON.

**Je prends aussi des cours de yoga :** « Non Vanessa, mettez la main gauche à l'intérieur de votre cuisse gauche, puis levez la main. Puis levez la jambe gauche et mettez la main droite devant… Respirez par le nez. Ça va ? Maintenant on regarde ses sourcils et on pose son front par terre en se cambrant. Ça va ? » « Oui oui, ça va super ».

**Je fais aussi de la méditation.** J'essaie de « faire le vide », de me concentrer sur ma respiration. En silence ou guidée par la voix doucement irritante de l'application de mon smartphone.

Elle me parle, *inspirez*… me dit que si je décroche, que mes pensées reprennent le dessus, ce n'est pas grave, il faut juste m'en rendre compte et les laisser passer. OK, donc ne pas penser à tous mes problèmes. *Expirez*… Ne pas y penser. Si, accepter d'y penser et les laisser partir. Partez.

Barrez-vous. Mais si je pense à ne pas y penser, j'y pense en fait ?! Y penser, comme ça elles vont partir. C'est pas un peu paradoxal ? Non, écoute-la. Merde, j'ai rien prévu à bouffer pour ce soir ! *Inspirez…* Faire le vide. Putain, j'ai oublié d'aller chercher mon colis à la poste ! Fais le vide, respiration. C'est chiant pour mon colis. *Expirez…*

**Au bout d'un moment,** je ne sais pas comment, ça a dérapé. Je me suis retrouvée à méditer avec mon oreillette, en buvant un café et en répondant à mes mails.

**La pro de la méditation et du yoga,** c'est ma sœur, Marie. Je lui ai demandé si elle pouvait faire une petite page utile, pour vous. Elle a dit oui. Et voici !

CERTIFIÉ
VRAIS CONSEILS
SÉRIEUX

## Petites pistes pour se « connecter à soi » (et donc aux autres et au monde)…

*Pour être posey, centrey dans ton corps et dans ta tête quoi.*

**La posture du corps :** décidée, digne, et confortable. ***Comment ?*** Assise sur ta chaise, pousse sur tes fessiers vers le haut pour te tenir droite, ouvre les épaules (imagine une main qui pousse doucement entre tes deux omoplates), détends ton sternum et imagine un fil qui tire ta tête vers le ciel. Léger sourire intérieur. Dos droit, tout le reste de ton corps relâché. Tu y es ! Ferme les yeux, respire, observe ta connexion avec ton corps.

*Tu détiens la force toute puissannnte ! #Musclor #Années90.*

**Pose-toi dans l'instant :** pour être pleinement dans ta vie, sois présente. ***Comment ?*** Porte ton attention sur le mouvement de ta respiration (peu importe s'il est fluide, lent, saccadé...) et observe tes cinq sens (sensations, goût, sons, odeurs, vue) pour arriver à ici et maintenant.

**Dissocie tes pensées et tes émotions de toi,** de ton être profond. ***Comment ?***

Le ciel = ton être

Les nuages = ton esprit (tes pensées, tes émotions)

***Constat :*** les nuages ne sont pas le ciel ! Ton esprit (tes pensées et tes émotions) ne sont pas toi, ton être. Les nuages ne font que traverser le ciel. Tes pensées et émotions ne font que passer, elles ne te définissent pas. Par exemple, on pourra donc dire « Je ressens de la colère », plus léger que « Je suis en colère ».

**Identifie ton animal intérieur.** ***Comment ?*** Nous avons tous un animal blanc (= pensées et émotions optimistes) et noir (versant pessimiste). Choisis de nourrir le blanc pour qu'il soit plus fort !

**Dis stop à la perfection.** ***Comment ?*** En étant dans l'ACTION. Une action a un effet immédiat sur soi et le monde. Prends soin de ton corps et de ton esprit, et agis ! Même si ça te paraît moyen, pas abouti, vas-y, les détails, on s'en fout ! Avance !

*De toute façon, même si tu produis quelque chose de parfait, il y aura toujours des gens pour te critiquer et te décourager (comme ça ils se sentent moins mal de leur propre inaction). Tu remarqueras que tous ceux qui se bougent sont beaucoup plus encourageants.*

**Communique autrement.** ***Comment ?*** En écoutant vraiment ton interlocuteur, jusqu'au bout, sans question ou retour sur ton expérience à toi. Teste pendant deux minutes, tu verras que ce n'est pas si simple ! Cette écoute attentive est un réel cadeau pour ton interlocuteur.

**Médite régulièrement.** Méditer, c'est tout un art de vivre. Sourire, bien se nourrir, prendre soin de son corps, le mettre en mouvement quand la tête se croit la plus forte. Et te reposer quand tu en as besoin :

« Le sommeil est la meilleure des méditations »

*Le dalaï-lama*

Feignasse assumée.

**Fais des soirées Spritz*** (mojito, bière, gin-tonic, vin rouge... ça marche aussi) avec tes copines (y compris masculines). Évidemment il ne s'agit pas de devenir alcoolique (auquel cas ça te ferait un problème en plus), mais tu vas parler, relativiser, rigoler, et réaliser la vie est belle et que les copines, c'est super !

*NON, MA SŒUR N'A JAMAIS ÉCRIT CETTE BULLE, JE L'AI AJOUTÉE (PARCE QUE ÇA FAIT PARTIE DU DÉVELOPPEMENT PERSONNEL AUSSI. SI SI.).

# Avril : MILF

**J'ai rencontré Théo il y a sept mois.** On est tombés amoureux. Il a 20 ans. VINGT ANS ! Je sais, c'est ridiculement jeune.

**J'admets que ce n'est pas classique,** qu'on puisse être rétif, qu'on puisse penser : « Mais moi je ne regarde même pas les mecs de cet âge ! » Moi non plus. Mais c'est arrivé quand même. On bossait ensemble sur un projet, la complicité est arrivée, tranquillement. Il était doux, délicat, gentleman.

**Je me dis que ça peut marcher.** Qu'on est un peu comme Brigitte et Manu. Comme Brigitte, j'ai été prof de français ; comme Manu, Théo est… DJ. Ah non, c'est pas pareil.

**Autant un homme qui sort avec une femme plus jeune,** même s'il est laid, chauve, bedonnant, avec des dents pourries, tout le monde s'en fout, on ne se pose même pas la question, on ne le VOIT même plus (dans la plupart des films le héros de 45-50 ans se tape l'héroïne de 25 ans, normal), autant quand c'est une femme… les gens cherchent POURQUOI.

Comment ça se fait qu'ils sont ensemble, dis donc ? Quel est le problème ?

Il est avec elle pour l'argent ?

Pour le cul ?

Il est gay ?

**Non,** rien de tout ça, c'est une rencontre amoureuse, c'est tout. Pour t'expliquer un peu comment on devient une MILF, je t'ai refait le parcours.

# Les vingt étapes quand tu sors avec un mec de 20 ans :

1
La rencontre. Pour toi, c'est un gamin. Tu ne l'envisages pas une seconde.

2
Tu te rends compte que vous avez une petite complicité, c'est rigolo.

3
Il te dit qu'il a 23 ans. Tu trouves ça jeune.

4
Vous avez une grosse complicité.

5
Il t'avoue qu'il a 20 ans. Tu trouves ça encore plus jeune.

6
Tiens, il sent très bon.

7
Tu vois que tu lui plais.

8
Non, ce n'est pas possible, tu te fais des films.

9
Il te plaît.

10
C'est n'importe quoi.

11
Il est vraiment beau.

12
Et drôle. Et il sent vraiment bon. Et il te cherche.

13
Il te cherche vraiment.

14
Tes copines en couple de longue date te disent « Fonnnnce !!! ».

15
Tu ris bêtement à ses blagues. Le processus est enclenché.

16
Tu rebois des tequila paf comme quand tu avais 18 ans.

17
Vous faites une bataille d'eau et vous finissez trempés, comme dans les comédies romantiques où les héros s'embrassent à la fin, le tee-shirt collé contre la peau, et c'est follement excitant.

18
Tu apprends de nouvelles expressions, comme « en balle » (ça veut dire « rapidement »).

19
Vous parlez des heures, tu le trouves incroyablement mûr pour son âge et son enthousiasme te galvanise.

20
Son corps est très ferme. TOUT son corps est très très ferme. Tout le temps.

## Et les étapes dont tu pourrais te passer :

21
Quand tu lui présentes tes amis, il arrive en skateboard, avec son casque de musique dans le cou et sa casquette.

22
Tu vas dans des bars au sol collant et aux mecs bourrés qui se battent parce que l'un a effleuré l'autre en passant (il s'est donc évidemment senti menacé dans sa virilité par cet affront, et donc combat, pour savoir qui sera le mâle dominant qui aura le droit de ~~féconder une femelle~~... se faire virer du bar, ah ah.).

23
Une nana surgie de nulle part te demande : « C'est votre fils ? »

24
Tu réalises qu'il ne connaît pas Hartley cœurs à vif, Sauvés par le gong ou Hélène et les garçons.

25
Tu trouves ton premier cheveu blanc.

26
Tu calcules quel âge tu auras quand il aura 30 ans.

27
Tu deviens parano : dès que tu as mal au dos ou que tu es fatiguée, tu te dis que c'est parce que tu es vieille. C'est foutu.

28
Il a économisé pour que vous partiez un week-end en Espagne. C'est peut-être pas foutu.

29
Tu te trouves un poil pubien blanc. Si, c'est foutu.

30
Tu as la grippe et il vient chez toi pour s'occuper de toi.

31
C'est peut-être pas foutu.

32
Foutu ou pas, il te fait du bien. **CARPE DIEM**, ne pas se projeter, instant présent.

**ET C'EST DIFFICILE, CAR J'AIME FAIRE DES PLANS SUR LA COMÈTE, MÊME S'ILS NE SE RÉALISENT JAMAIS.**

# feignasse hyperactive

**Je sais ce que je veux dans la vie,** mais pas tous les jours. Souvent, je m'autosaoule. Je me fatigue.

**Je peux critiquer les hommes** qui se mettent avec une jeunette, et six mois plus tard être en couple avec un mec de 20 ans (oui, mais il est mûr pour son âge).

**Quand j'ai envie** de rencontrer un homme cultivé-intello, je sors avec un coach sportif qui roule en Golf tunée et écoute du zouk love.

**Je peux passer deux jours à pleurer tout le temps,** pour rien, de tristesse, de joie, être à fleur de peau, tout ressentir très fort, parce que mon appart est super, parce que j'ai des amis super, parce que je fais ce que j'aime, parce ma voisine m'a déposé des légumes devant ma porte, et le lendemain, devoir pleurer sur scène et ne pas pouvoir sortir une toute petite larmichette. Ne rien ressentir, être vide comme un lycée le 1er août.

**Je peux me poser cinq mille questions** sur la fiabilité de mon mec, vérifier qui il like sur Instagram, élaborer des scenarii masochistes sur pourquoi il n'a pas répondu à ce SMS, me prendre la tête comme une dingue sur le contenu de ses réponses, pourquoi il a mis un point et pas une virgule, ne plus penser qu'à ça, arriver à saturation toute seule, et devenir d'un coup complètement détachée, *carpe diem*, qui vivra verra, la vie est belle, je m'en fous.

**Je peux décider de faire attention** parce qu'on est le quinze du mois et qu'il reste cent euros sur mon compte courant, faire les magasins en me disant « je vais juste regarder », et acheter un sac à main (un basique, indémodable), deux pulls (des basiques, indémodables, je ne sais pas comment j'ai pu faire sans jusqu'à présent), et un Perfecto super cher (un basique, indémodable, j'en voulais un depuis toujours).

**Je suis féministe,** mais je peux m'offusquer qu'un homme ne paye pas le restaurant au premier rendez-vous. Parce que le premier, c'est l'homme qui paye, c'est comme ça (oui, l'argument « c'est comme ça » permet de justifier plein de trucs injustifiables, très pratique).

**Je peux être contradictoire par anticipation aussi.** Je m'explique. J'ai envie d'assumer mes futurs cheveux blancs. J'en ai trois qui poussent et que je coupe à ras (c'est mieux que de les arracher, a dit mon coiffeur). Comme j'aime anticiper mes problèmes, j'ai décidé que quand j'en aurai, je les laisserai blancs. Et bien sûr je courrai faire une couleur chez le coiffeur.

**J'ai envie d'assumer mes poils,** mais dès que j'ai un nouveau mec, je suis aussi imberbe qu'une actrice de film pour adulte. Au bout de quelques mois, je me détends, évidemment, je ne peux pas être sapée-maquillée-épilée au poil près tout le temps et me retenir de dormir par peur de baver sur mon oreiller (ou pire, rappelle-toi le chapitre « Mes pires hontes »). En général je tiens quatre mois, et après, épuisée, je craque.

Et c'est là que mon mec me dit :

« C'est au réveil
que je te trouve la plus jolie. »

Je pose mes yeux cernés sur lui. Il plaisante, là. Il attend quatre mois pour me le dire ?

« Et quand tu dors tu baves un peu
sur ton oreiller, c'est tellement mignon. »

Mes joues creusées par le manque de sommeil tremblent sous l'émotion. Dans deux secondes il va me dire qu'il adore les poils ; et je vais faire une dépression.

« Tu sais, ça ne me dérange pas les poils, t'es pas obligée de t'épiler à fond, hein. J'aime bien même. »

**OK. Je respire à fond.** Il m'aime au naturel. Il m'aime au na-tu-rel. Pourquoi pas moi, alors ? Pourquoi je me mets toute cette pression toute seule ?

**Rassérénée,** je passe ensuite par une phase « nature ». Mais excessive (comme d'habitude, le juste milieu, je ne connais pas).

Je me balade en jogging, parce que je me dis qu'il doit trouver ça mignon, voire sexy, vu que mon jogging moule un peu mes fesses.

Je mets un pyjama en coton avec un imprimé animaux, mais tout doux (je me dis qu'il doit me trouver craquante là-dedans).

Je ne me maquille plus et je décide de tenter l'épilation du maillot années 80, « comme ça, il y a de la matière pour jouer un peu », dixit mon (ancienne) esthéticienne.

Au bout de six mois de « naturel » :

**Solution A** : il me quitte. Et je le vois en photo sur Facebook avec une nana aux cheveux blonds extensionnés, maquillage contouring, seins énormes en plastique, bouche énorme en polystyrène (ou silicone, ou botox, je ne sais pas je n'y connais rien. Oui, je suis jalouse. En plus dans quelques années je suis fichue de tenter la chirurgie esthétique. J'y pense déjà, les jours où j'ai l'air fatiguée, je fais un lifting temporaire avec mes mains devant le miroir et je me trouve beaucoup mieux).

*Nota bene* : on a le droit de critiquer la chirurgie et d'en faire, car la contradiction est autorisée par définition chez les feignasses hyperactives (on a aussi le droit de ne pas la critiquer et de ne pas en faire).

**Solution B** : il continue malgré tout à m'aimer. Je me détends complètement, j'oublie d'être dans la séduction, je laisse la relation s'étioler lentement parce que je ne veux pas lui faire de mal (mon côté masculin). Je croise Tony, un mec hyper costaud et viril qui réveille en moi mes furieux instincts primaires. Je prends rendez-vous chez l'esthéticienne.

# Écrire un livre

**Depuis toute petite, je rêve d'écrire un livre.** Un truc drôle, léger (mais avec du fond quand même).

**La maison des éditions Tut-tut me contacte,** je les rencontre, je les sens bien, je dis oui, je rends mon synopsis, c'est validé, je dois rendre mon bouquin le 15 mai. C'est parti !

⟶ Je réfléchis, à la forme, à ce que je veux raconter… ma vie… pas ma vie…

⟶ Je réfléchis.

⟶ Je réfléchis. Je trouve ! Je vais écrire un roman-journal d'inspiration autobiographique (ou une autobiographie romancée). Je dirai « je », mais aussi « tu », « nous », « vous », selon les moments. Bref, ça va être le bordel organisé, j'adore ça.

⟶ J'écris un demi-chapitre, chez moi, à mon bureau. Le reste de la journée, je téléphone pour parler de ma procrastination avec ma sœur ou Paula.

⟶ Le lendemain, j'écris cinq lignes. Après je vais faire les magasins et prendre un thé pendant trois heures avec Roselyne, ma super voisine.

⟶ Je fais le ménage et les courses. Je réécris des passages (en gros j'enlève des phrases).

⟶ Je me rends compte que je suis à la bourre et je demande un délai de quinze jours.

⟶ Tiens, si j'écrivais une vidéo ?

→ On est mercredi, je fais le taxi pour emmener mon fils à ses diverses activités.

→ J'ai donné rendez-vous à la maison des auteurs à Victor qui a lui aussi du mal à s'y mettre. Dans cette salle remplie de gens qui tapotent sur leur ordinateur, je m'y mets. J'écris des bouts de chapitre, dans le désordre, comme ça vient. Je ne sais pas où je vais.

→ J'ai un déclic. Je me dis que j'ai une chance folle d'avoir tout ce temps pour écrire mon livre ! J'écris donc un sketch.

→ C'est le week-end, j'emmène mon fils à la piscine et au cinéma, on pleure ensemble à gros sanglots devant une scène émouvante. Il a grandi, d'habitude il rigole quand il me voit verser ma petite larme.

→ J'emmène mon fils au musée Grévin, je le prends en photo avec presque toutes les statues de cire, elles vont rester dans mon téléphone et je les imprimerai dans dix ans. Ou jamais.

→ Je pense à mon mec, à ce qu'il a voulu dire quand il a dit « non », mais en souriant, et ce que ça voulait dire quand il a haussé le sourcil à un moment donné. J'en viens à la conclusion qu'il est fou de moi, mais qu'il est très timide.

→ J'écris chez moi toute la matinée, j'avance bien. C'est toujours le bordel dans la structure, mais j'avance. J'organiserai la semaine prochaine.

→ Je pense à mon mec, à ce qu'il a voulu dire quand il a dit « non », mais en souriant, et ce que ça voulait dire quand il a haussé le sourcil à un moment donné. J'en viens à la conclusion qu'il n'en a rien à foutre, qu'il a sûrement d'autres femmes dans sa vie, que je suis son plan cul, je suis tellement naïve, quelle pauvre fille.

→ Je prépare un sketch toute la journée pour un enregistrement télé. On m'appelle en fin d'après-midi pour me dire que l'enregistrement est annulé parce que l'émission a été raccourcie, et que donc en gros je n'en fais plus partie, j'ai bossé pour rien, youpi.

→ Je positive, je me dis que sans cette émission, je n'aurais jamais écrit ce nouveau sketch.

→ Je pense à mon mec, à ce qu'il a voulu dire quand il a dit « non », mais en souriant, et ce que ça voulait dire quand il a haussé le sourcil à un moment donné. J'en viens à la conclusion que c'est un pervers narcissique, que le fait même de devoir tout le temps traduire son comportement c'est louche, que son sourcil levé c'était pour me fragiliser et me manipuler, et que dire « non » en souriant c'est typique du pervers narcissique.

→ Je glande en culpabilisant.

→ Je me dis que finalement mon mec est peut-être juste un passif-agressif. Voire un passif tout court. Peut-être qu'il est juste perdu en fait. Ou qu'il s'en fout. Ou qu'il sait pas trop, qu'il hésite. C'est chiant.

→ Je fais le ménage à fond de mon appartement. Même les vitres, qui sont encore plus sales après, on voit des traces, alors que sur mon produit « spécial vitres » c'était écrit « sans traces ». Résultat on dirait que mes vitres sont grasses. Trop de ménage tue le ménage.

→ J'ai lu un livre et je n'aurais pas dû, car j'ai peur d'être influencée par le style de l'auteur. Je me demande si moi j'ai un style, et si je suis capable d'écrire un livre.

→ J'ai envie que mon livre soit drôle mais pas vulgaire, léger mais fin. Dans ma tête, il devient un best-seller, je suis la nouvelle J. K. Rowling, j'écris le tome 2, puis 3, c'est adapté au cinéma (je joue le rôle principal évidemment, et je gagne un César), je deviens riche et célèbre, je refuse de rouler en Bentley, je reste simple, j'achète juste une Twingo neuve, je garde mon appart, mais je pars en vacances en plein hiver dans des eaux turquoise avec mon fils et mes copines, et je poste des photos de moi sur Instagram en train de plonger avec des requins inoffensifs, et je finis par avoir quinze millions de *followers* sur Instagram, plus que Nabilla, je crois que j'ai réussi ma vie.

Mon téléphone émet un petit chuintement, c'est un SMS de Marc le médium : « Hello Vaninou, ça va ? Tu sais quoi ? T'es une star ! »

Je lui réponds « Tu m'étonnes que je suis une star ! »

Et je sors mes poubelles, en jogging*.

⟶ Journée taxi-enfant. J'écris sur un banc pendant le cours d'athlétisme de mon fils.

⟶ Je suis efficace, j'écris cinq heures d'affilée. Dans le désordre.

⟶ Je décide d'écrire dans l'ordre de mon plan. Ça m'ennuie.

⟶ Je décide de réécrire dans le désordre. J'écris un chapitre sur mon accouchement, je me fais pleurer toute seule. Je me trouve super émouvante.

⟶ Je relis le chapitre sur l'accouchement et je le trouve nul, on ne comprend rien. Je le réécris.

⟶ Il faut que je rebosse le début de la pièce que j'ai écrite (une comédie dramatique) et l'adapte en scénario pour le cinéma. Pourquoi pas ! Je visualise déjà certaines scènes. Mais du calme, on ne peut pas tout investir en même temps comme dirait ma psy. Pour le moment, livre.

⟶ Je prépare mes affaires pour trois dates de tournée, à La Rochelle, ma ville d'origine. J'emmène mon ordinateur pour écrire la journée.

⟶ Je n'écris pas du tout. Le deuxième soir mon spectacle fait un carton, les gens se lèvent, je suis la reine de la galaxie. Ma vie est géniale, c'est le bonheur.

⟶ Je prends un café sur le port de La Rochelle avec ma meilleure amie d'enfance, la fameuse Caro. Je lui parle de mon mec :

**MOI** – Je crois que c'est le bon cette fois.
**CARO** – Tu m'as dit ça il y a six mois pour ton mec précédent.
**MOI** – Oui mais là, c'est différent.
**CARO** – Tu dis ça à chaque fois.

*J'avais prévu d'aller courir ce matin-là, sauf qu'il était déjà 16 h 15 et que je devais aller chercher ma progéniture adorée à l'école, donc j'ai juste passé la journée pas lavée en jogging. Et toute la journée on m'a demandé « Ah, tu reviens du sport ? » « Oui oui ».

**MOI** – Il est super intelligent, cultivé et fin.
**CARO** – Pour te draguer il t'a envoyé une blague de cul par SMS.
**MOI** – Ouiiii, mais…
**CARO** – Il fait des efforts ? Il est à fond ?
**MOI** – Oui, enfin moyen, mais c'est le début.
**CARO** – Justement. Imagine dans cinq ans.

**Évidemment, elle a raison.** Je me pose un peu trop de questions, alors que je devrais juste être heureuse sur mon petit nuage. Je vais écrire.

⟶ Je mets mon mec dans une boîte, je le range, et j'écris toute la semaine comme une dingue. Je m'arrête à peine pour manger.

⟶ C'est mon anniversaire. Autant certaines années je ne le fête pas, autant cette année je l'ai fêté trois fois dans la semaine. J'ai moins écrit, mais j'ai passé une super semaine.

⟶ J'emmène mon fils à Aquaboulevard (vacances scolaires). Première descente, je me pète le coccyx contre le toboggan, je ne peux presque plus marcher.

⟶ J'écris un peu et je râle beaucoup, parce que j'ai mal au coccyx. Mon fils est mignon et m'aide (et il rit beaucoup de me voir me déplacer comme une petite mamie et conduire sur une fesse).

⟶ Ma copine Tonie me propose de partir à Cannes lundi, elle doit y bosser (et ken, si t'as suivi). Je lui dis que j'ai mal au coccyx, elle me rétorque « J'ai mal aux pieds, j'ai des béquilles », j'abdique, « OK ».

⟶ À Cannes, j'écris, je bronze, je bois des cocktails avec Tonie dans les soirées cannoises, je prends un Doliprane le lendemain matin, je monte les marches, et surtout je ris, je ris, je ris et j'ai 15 ans toute la semaine.

⟶ J'écris les derniers chapitres.

⟶ Je relis, j'enlève, j'ajoute, je modifie.

⟶ Je relis, j'enlève, j'ajoute, je modifie, je ne sais plus si c'est bien, je n'ai plus aucun recul, je dois rendre mon manuscrit demain.

→ J'envoie mon manuscrit ! Ça y est ! Je suis heureuse, j'ai adoré écrire ce livre, j'ai adoré adoré adoré. Je l'ai déjà dit ?

→ J'ai une super idée qui me vient, je me dis « merde j'aurais dû mettre ça aussi ».

→ Ce soir, j'ai invité quarante personnes chez moi pour fêter la fin de l'écriture et mon anniversaire encore une fois, et celui de mon fils. Je sais que je ne devrais pas, mais je le fais quand même.

*
Instagram : @vanessakayo
Page Facebook : @vanessa.kayo
Twitter : @VanKAYO

# POSTAMBULE

Au fait, je ne me suis pas présentée ! Je m'appelle Vanessa, je suis humoriste, comédienne, auteure et maintenant écrivaine avec ce livre (youpiii) !!!

J'ai un fils de 9 ans (qui est le plus beau, le plus intelligent, le plus drôle, le plus génial) et je vis en banlieue parisienne dans un petit appartement très cosy (ça veut dire qu'il est petit en langage positif).

J'espère que ce livre t'a plu. Que tu as souri, ri, été émue peut-être. Qu'il t'a accompagnée sur la plage, au bureau, dans le métro, sur ton canapé, dans ton lit. Je l'ai écrit avec un bonheur incommensurable. Et j'adorerais qu'il soit lu par tout plein de lectrices (dont des hommes). Non, je le VEUX (*#AffirmationDeSoi #MohamedAli*).

Mais pour en faire un best-seller, j'ai besoin de toi :

**1)** Prends-toi en photo ou en vidéo avec ce livre (ou juste le livre si tu es pudique).

**2)** Poste-la sur Instagram, Facebook, Twitter*… accompagnée de ton passage préféré (ou d'une phrase que tu as aimé ou juste « j'ai adoré »).

**3)** N'oublie pas de mettre #VanessaKayo ou #FeignasseHyperactive, comme ça je peux te retrouver, reposter sur ma page à moi, et ainsi la communauté des feignasses hyperactives sera visible mondialement ! (Je sais, je vois grand, mais rappelle-toi Mohamed Ali et sa mégalomanie, moi à côté, c'est du pipi de crevette).

**4)** Régulièrement je ferai un tirage au sort sur les réseaux sociaux pour faire gagner deux places pour mon spectacle (ou ce livre, ou d'autres surprises) !

*Nota bene* : tu peux aussi en parler dans la vraie vie, de vive voix (complètement dingue) à tes copines, ta mère, ton mec... à toutes les feignasses hyperactives que tu connais.

Merci de tout cœur si tu prends le temps de le faire ♥, et merci infiniment d'avoir suivi mes aventures. À très bientôt j'espère.

# Remerciements

Je remercie mon fils, le plus merveilleux, qui me fait rire, m'étonne, me fait grandir tous les jours.

Aurélie D'Andria, ma première relectrice, la reine de la motivation («Je viens de finir ton manuscrit : la grosse GROSSE barre de rire ! »)

Aurélie Aminian, reine ex aequo de la motivation, et toute l'équipe des éditions Tut-Tut (Karine Bailly, Hélène Lorillard, Mathieu Mazza, Bérénice Taveau, Stéphanie Aguado, Audrey Peuportier, Nicolas Kalogeropoulos, et tout ceux que je n'ai pas rencontrés en vrai), pour leur enthousiasme et leur énergie débordants. Ce fut un plaisir tout le long.

Ma psychologue, qui m'a poussée à oser ne pas me censurer dans ce livre. Et pour tout le reste. Sans vous je n'écrirais pas ces lignes.

Ma sœur, la plus géniale, positive et bienveillante. Merci pour ton chapitre « bien-être » hyper utile, je m'en sers d'ailleurs souvent. (Si tu veux connaître son travail, va sur *www.elodiecaillaud.fr).*

Caroline, qui m'a généreusement confié ses anecdotes croustillantes en me disant « Tu mets pas mon nom, hein ? ».

Vincent Azé, mon metteur en scène, coauteur de mon one-woman-show et surtout coach, qui me répète inlassablement que je suis capable, que je dois foncer, que je suis géniale (c'est son côté Mohamed Ali). C'est toi qui es génial.

Edwina Girard et Taos Sonzogni, qui m'ont aidée à trouver des *punchlines* pour un chapitre, sur la plage à Cannes (et qui m'ont fait tellement rire toute la semaine). Edwina, toutes mes vacances avec toi sont des scènes de mon futur film, merci pour l'inspiration.

Le futur producteur de mon film, pour avoir cru en mon projet, pour sa gentillesse et sa simplicité.

Mes ex et ceux de mes copines (merci Caro et Chloé), pour toute l'inspiration qu'ils m'ont apportée (spéciale dédicace à ceux qui se sont reconnus dans « Le dico des Boulets ». Si c'est le cas, c'est que tu es capable de te remettre en question, donc ton cas n'est pas si désespéré).

Mes parents, que je remercie de m'avoir « vraiment trop saoulée » pour que je range ma chambre, que je fasse mes devoirs, mes comptes, du sport, du piano, que je mange sainement, que j'ouvre un PEL et que je finisse ce que j'ai commencé. Voilà, grâce à vous j'ai donc pu finir d'écrire un livre et je suis (plutôt) équilibrée.

Sébastien, qui m'a poussée à faire ma première scène.

L'équipe de mon one-woman-show : Gaël Rossy, Patrice Montico, Alice Montico, Vincent Azé, Anaïs Gardenato, Julie Bernier et Caroline Dijon de *Citron Plume*, Samuel Lozano, Léonard Hamet, Mathilde Monnier, Marie Bô, Renée Orio, Marjolaine Vermorel, Sébastien Barreras et Anaïs Hayes, qui m'ont accompagnée dans cette aventure de dingues.

Le théâtre *La Cible*, le théâtre *BO saint-martin, La comédie des boulevards* et le *Splendid* pour m'avoir hébergée à Paris avec mon spectacle, ainsi que tous les théâtres qui m'ont permis de venir jouer dans de nombreuses autres villes de France (clin d'œil spécial au *Citron Bleu* à Toulouse).

Téva et Rire et Chansons, pour leur mise en avant (Sébastien, Mika, Mathilde, François, Laurent, Pascale, c'est une joie de bosser régulièrement avec vous).

Mes grands-parents, pour les virées en Renault 5 à trente kilomètres heure. Papi, arrête de monter sur le toit, ça stresse Mamie. (Non, continue – en étant plus prudent –, tu rends la vieillesse moins effrayante).

Franck, pour ses prédictions starifiantes motivantes.

Laëtitia, pour sa longue amitié et son acuité pour repérer les boulets avant tout le monde.

Jacqueline, pour ses invitations à manger quand je suis en presque burn out et sa pugnacité inspirante.

Caro, Anne-Sophie, Franck et Cathy pour leur relecture.

Les copines et copains qui m'ont aidée à choisir la couverture : Caro, Élodie, Martin, Ed, Laëtitia, Franck, Anne, Gaël, Aurélie, Éric, Jacqueline, Isabelle, Laëtitia.

… et bien sûr MERCI cent mille fois à toutes les personnes qui me suivent et me soutiennent, m'envoient des petits mots gentils, et toutes les spectatrices (y compris les hommes) qui prennent le temps de me faire des retours adorables, dont le plus fréquent est :

« Continuez ! »

D'accord.

# DÉCOUVREZ AUSSI CHEZ TUT-TUT

Achevé d'imprimer en septembre 2018
sur les presses de la Nouvelle Imprimerie Laballery - 58500 Clamecy
Dépôt légal : octobre 2018 - N° d'impression : 808160

*Imprimé en France*

La Nouvelle Imprimerie Laballery est titulaire de la marque Imprim'Vert®